国学典藏·线装书系

古文觀止

【双色插图版】

第三册

〔清〕吴楚材·编
〔清〕吴调侯·编

綫装書局

北山移文①

孔稚珪

作者简介

孔稚珪（447~501），一作孔珪，字德璋，会稽山阴（今浙江绍兴）人，南朝齐骈文家。南朝宋为记室参军，与江淹辞笔齐名。齐明帝时官至太子詹事，加散骑常侍。史称他『风韵清远，好文咏，不乐世务』。孔性喜山水，『门庭之内，草莱不剪，中有蛙鸣』。所作以《北山移文》最著名。著作有《孔詹事集》辑本一卷。

原文

钟山之英，草堂之灵，驰烟驿路，勒移山庭。②

夫以耿介拔俗之标，萧洒出尘之想，③度白雪以方洁，干青云而直上，吾方知之矣。④若其亭亭物表，皎皎霞外，芥千金而不眄，屣万乘其如脱，⑤闻凤吹于洛浦，值薪歌于延濑，固亦有焉。⑥岂期终始参差，苍黄翻复，⑦泪翟子之悲，恸朱公之哭，⑧乍回迹以心染，或先贞而后黩，何其谬哉！⑨呜呼！尚生不存，仲氏既往，山阿寂寥，千载谁赏！⑩

世有周子，俊俗之士，既文既博，亦玄亦史。⑪然而学遁东鲁，习隐南郭，偶吹草堂，滥巾北岳；⑫诱我松桂，欺我云壑。虽假容于江皋，乃缨情于好爵。⑬其始至也，将欲排巢父，拉许由，傲百氏，蔑王侯，风情张日，霜气横秋。⑭或叹幽人长往；或怨王孙不游。⑮谈空空于释部，覈玄玄于道流。⑯务光何足比，涓子不能俦。⑰及其鸣驺人谷，鹤书赴陇，形驰魄散，志变神动。⑱尔乃眉轩席次，袂耸筵上，焚芰制而裂荷衣，抗尘容而走俗状。[19]风云凄其带愤，石泉咽而下怆。望林峦而有失，顾草木而如丧。[20]

至其纽金章，绾墨绶，[21]跨属城之雄，冠百里之首，[22]张英风于海甸，驰妙誉于浙右。[23]道帙长殡，法筵久埋。[24]敲扑喧嚣犯其虑，牒诉倥偬装其怀。[25]琴歌既断，酒赋无续。[26]常绸缪于结课，每纷纶于折狱。[27]笼张、赵于往图，架卓、鲁于前录。[28]希踪三辅豪，驰声九州牧。[29]使我高霞孤映，明月独举，青松落荫，白云谁侣？[30]涧户摧绝无与归，石径荒凉徒延伫。[31]至于还飙入幕，写雾出楹，蕙帐空兮夜鹤怨，山人去兮晓猿惊。[32]昔闻投簪逸海岸，今见解兰缚尘缨。[33]

于是南岳献嘲，北陇腾笑，列壑争讥，攒峰竦诮。[34]慨游子之我欺，悲无人以赴吊。[35]故其林惭无尽，涧愧不歇，秋桂遗风，春萝罢月，[36]骋西山之逸议，驰东皋之素谒。[37]今又促装下邑，浪枻上京。[38]虽情投于魏阙，或假步于山扃。[39]岂可使芳杜厚颜，薜荔蒙耻，碧岭再辱，丹崖重滓，[40]尘游躅于蕙路，污绿池以洗耳？[41]宜扃岫幌，掩云关，敛轻雾，藏鸣湍，截来辕于谷口，杜妄辔于郊端。[42]于是丛条嗔胆，叠颖怒魄，[43]或飞柯以折轮，乍低枝而扫迹。[44]请回俗士驾，为君谢逋客。[45]

选自《孔詹事集》

注释

①北山：即钟山，因地处齐都建康（今南京）之北而得名。移文：古代用来颁布命令的一种官府文书的一种，目的在于晓谕民众；移文与檄文相近，多用于晓谕或责备。《北山移文》借钟山神灵之口，讽刺那些虚假隐士极力谋取职权利益的虚伪情态。②英：精灵，指山神。草堂：草堂寺，是周颙隐居钟山时建造的，并给它取名为草堂。灵：神灵。驰烟驿路：腾云驾雾般驱驰在马路上。驿路，即大路，也叫马路。勒

移山庭：在钟山上把移文刻在石碑上，召示天下。勒，刻。③夫：表示将要发议论的语气词。以：凭借、依靠。耿介：耿直有操守。拔俗、出尘：超出世俗。标：仪表、外貌。萧洒：洒脱无拘无束的样子。萧，通『潇』。想：指一种情怀。④度（duó）：估摸、度量。干：犯，凌驾。『度白雪』二句，说他们品行可与白雪相比，志向凌驾于青云之上。『吾方』句，意思是说这种人正是我所了解的。⑤若其：至于那种。亭亭：挺立的样子。表：外。皎皎：洁白明亮的样子。『若其』二句，意思是说至于有一种人，他们屹立于世俗之上，光彩超过云霞。芥：草芥。眄（miǎn）：斜视。『芥千金』句，意思是说他们把千金当做草芥，根本不放在眼里。屣（xǐ）：把……看作草鞋。万乘（shèng）：指天子，由于古代天子拥有兵车万乘，所以用万乘指代天子。『屣万乘』句，意思是说把天子之位看作草鞋，可以很容易就脱掉。⑥凤吹：吹笙作凤鸣。洛浦：洛水边。值：遇上，逢见。薪歌：采薪者的歌，这里指隐士。延濑（lài）：长延绵的河流。濑，水流沙上叫濑。『值薪歌』句，说他们与高士互相来往。固亦有焉：本来也是有的。⑦岂期：哪里会想到。参差：不整齐、不一致。苍皇翻复：变化多端、反复无常。⑧泪：流泪，这里作动词用。翟子：墨翟，即墨子。恸（tòng）：悲恸大哭。朱公：指战国时的杨朱。⑨乍：暂时。回迹：指隐迹山林。心染：思想沾染着世俗名利。或：有的。贞：贞洁。黩（dú）：污浊。何其谬哉：这种人是多么欺人啊！是总结以上六句。⑩尚生：尚长，字子平，西汉末的隐士，不出任官职，畅游五岳名山，不知所终。仲氏既往：像仲长统这样的隐士已经不存在了。仲氏，仲长统，东汉末年人，也是著名的隐士，好游山水，性格狂放。山阿：这里指大山。⑪周子：指周颙。俊俗之士：才智超群的人。既文既博：既有文采又博学。亦玄亦史：也通玄学也通历史。⑫然而：如此却。遁：逃跑。东鲁：指颜阖（hé），是春秋时的高士，位于东方的鲁国人，因此用东鲁

代称之。『然而』句，意思是说周子虽然很有才学，却学了颜阖的样子隐居起来。习隐南郭：周颙学了南郭子綦，隐居起来。偶吹草堂：意思是说周子在草堂上吹奏乐器冒充隐士。偶吹，跟人一起吹奏乐器，即滥竽充数之意。滥巾北岳：意思是说周子戴着隐者的头巾假作隐士。滥，过分，不得当；巾，隐者的头巾，周子不是真正的隐者，却戴了隐者的头巾；北岳，北山，即钟山。⑬假容：装模作样。江皋（gāo）：江边。缨：系。『虽假容』二句，意思是说虽然装作隐士的样子，实际上热衷于好的爵位。⑭排：排斥。拉：折辱。巢父、许由：都是尧在位的时著名隐士。传说尧本想把天下让给许由，许由便隐居在颍水之阳。后来尧又任命他为九州长，许由听到后跑到颍水边洗耳。当时他的友人巢父牵牛来饮水，听闻许由洗耳的原因后，认为许由如果身居深山不通世俗，根本就听不到传言，实际上许由是想求得好名声，侮辱了河水。于是他把牛牵到上游喝干净的水。百氏：指诸子百家。蔑：蔑视。风情：风度神情。张日：挡住天日。张，大。『风情』二句，是说他们的风度情致之高，就像想要遮天蔽日，气概和严霜一样，凌厉于秋季。⑮幽人：隐者。长往：隐遁不返。『或怨』句，或者埋怨王孙贵族贪图名利富贵，不愿归隐。王孙：贵族子弟。⑯空空：佛家语，谓色即是空，空即是色，认为万物本身不具有任何质的规定性，不是独立存在的实体。释部：佛家经书。覈（hé）：考核。玄玄：是道家所讲的玄之又玄。道流：道家之流。『谈空空』二句，是说周习佛道之学。⑰务光：夏时人。涓子：隐士。俦：同列。⑱及：到。鸣驺（zōu）：这里指皇帝的征车。驺，主驾的官员。鸣，指车铃声。鹤书：指征召的诏书。陇：山冈，这里指北山。志变神动：意志改变神情摇荡。⑲尔乃：于是就。眉轩席次：在席位上眉飞色舞。轩，举，扬。袂（mèi）耸筵上：在坐席上衣袖飞扬。袂，衣袖。『尔乃』二句，意思是说周子接到朝廷诏书后，眉飞色舞，得意不已的样子。芰制、荷衣：用芰荷做成的衣服，用来象征隐士高洁的操守。芰(jì)，菱。抗：举，这里是显露的意思。走：跑。俗状：俗态。『焚芰』二句，说周子焚毁撕裂了用芰荷做的衣服，显露出一副俗态。⑳『风云』四句：风云因此疾恶如仇凄怆带恨，石泉也呜咽下泪，看来山林冈峦、花草树木都对他失望丧气。㉑纽：系，挂。金章：铜印。绾(wǎn)：系。墨绶：黑色的丝带，用来挂印之物。金章、墨绶，都是县令印章的饰物。㉒跨：超过。属城：指邻近各县。雄：长。百里：约指一县方圆之地。『跨属』二句，意思是说周颙当了海盐县令，享誉于邻近各县。㉓张：传播张扬。英风：好的名声。海甸：海边，这里指海盐县。驰：流传的意思。妙誉：好的声誉。浙右：浙江北部，指现今绍兴地区。『张英』二句，周子在海盐一带获得了好名声。㉔道帙(zhì)：道家的经籍。帙，这里指书籍。殡：埋，这里是抛弃的意思。法筵：佛家说法的讲席。㉕敲扑：敲打，鞭笞。犯：侵扰。『敲扑』句，鞭笞犯人时的喧嚣声扰乱了他的思考。牒：公文。诉：诉状。倥偬(kǒngzǒng)：事多而急迫匆忙的样子。『牒诉』句，意思是说公文诉状一类的琐碎事务充满他的头脑。㉖『琴歌』二句：意思是说琴歌酒赋这种高雅的事情结束了。㉗绸缪(chóumóu)：缠绕。结：终结。课：考课。汉朝以后考核官吏政绩来决定升迁，被称作考课。纷纶：纠缠不已的样子。折狱：审判裁决案件。『常绸缪』二句，意思是说常常纠缠于应付考课等杂事，并且忙着断决诉讼。㉘笼：笼盖，这里是超过的意思。张、赵：西汉张敞、赵广汉都是有名的官吏，都曾做过京兆尹。往图：指历史图籍上的记载。架：架于……之上，胜过。卓、鲁：指东汉卓茂和鲁恭，二人都曾经做过县令，取得了卓越的政绩。前录：以前的记载。㉙『希踪』二句：意思是他希望赶上治理三辅的能吏，使声名远播于九州长官之间。希踪：追慕踪迹。三辅：汉代称京城长安附近的京兆、左冯翊、右扶风三个地区为三辅。三辅豪：指治理三辅地方的显贵官吏。驰声：声名远播。

九州牧：古代分天下为九州，一州之长称牧。㉚独举：孤独地高挂着。青松落荫：意思是青松积荫。落，降落，聚积；落荫，说明树荫的沉重。侣：伴侣。『使我』四句，意思是说周子任官后，山林间的景物冷落寂寥，无人问津。㉛涧户：山间临水小屋。摧绝：败坏。无与归：没有人一同归来，指周子一去不回。延伫（zhù）：久久地站立等候。『涧户』二句，涧户颓毁已无人来归，石径荒凉空等着来人。㉜还飙（biāo）：旋风。飙，急风。幕：帐幕。写：通『泻』，吐。楹：堂前柱子。蕙帐：用蕙草做成的帷帐。蕙，香草。山人：指隐士。㉝投簪：指弃官。逸海岸：隐遁于海边。解兰：指放弃隐遁生活。兰，指兰佩，隐士的服饰。缚尘缨：被世俗生活羁绊。缨，捆绑人的绳子。㉞腾笑：哄笑。攒（cuán）峰：聚集在一起的山峰。竦（sōng）：跳动。诮：讥笑。『于是』四句，意思是说周子的变节，使得钟山的南岳、北陇、列壑、众峰，通通争相讥讽和嘲笑他。㉟游子：指周子。我欺：欺骗我。吊：吊慰，慰问。『慨游子』二句，意思是说钟山之神感叹被周子欺骗，又伤心没有人前来慰问。㊱遣风：把风打发走。罢月：把月打发回去。『秋桂』二句，意思是说秋桂、春萝因为受到周子的欺骗而感到羞愧，再不要加以点缀以增添妩媚。㊲骋、驰：都是迅速传布的意思。西山、东皋：泛指隐者所居之处。逸议：隐者的清议。素谒：清贫者的议论。『骋西山』二句，意思是说群峰众壑被周子欺骗后，迅速广泛传布有关他的议论，使天下人都知道。㊳促装：急治行装。下邑：指海盐。浪枻（yì）：鼓棹，荡桨，这里是驾舟的意思。枻，船桨。上京：京都，这里指建业，即现今江苏南京。㊴魏：同巍，高大。阙：宫门两边的门楼。山扃（jiōng）：山门。扃，门窗。『虽情投』二句，意思是说他虽然一心投奔朝廷，但也许还想借路北山。㊵杜：杜若，芳草名。薜荔：香草名。滓：污秽，这里指受到污染。『岂可』四句，意思是说怎么能放你经过这里，而使芳草再次受到耻辱，崖岭再次被玷污。㊶尘：污染，用作动词。躅（zhú）：迹，即足迹。蕙：香草。绿池：清水池。洗耳：指许由洗耳，见前注。『尘游』二句，怎能使尘迹留落在蕙草路上，因洗耳而弄脏了清水池呢。㊷宜：应该。扃：关闭。岫（xiù）幌：山穴的窗户。岫，山穴；幌，帷幔。掩云关：掩蔽云流动所经的关口。藏鸣湍（tuān）：藏起喧哗的流水。来辕：指周子的车马。杜：杜绝。辔（pèi）：缰绳，此指马。郊端：山外。『宜扃』六句，意思是说应该拒他（周子）于山外。㊸丛条：丛聚的枝条。瞋（chēn）胆：肝胆生气。嗔，怒目。叠：重叠，聚积。颖：草的末端，这里指草。『于是』二句，意思是说连草木都发怒了。㊹或：有的。柯：树枝。乍：忽然。『或飞柯』二句，有的扬起树枝去折毁车轮，有的忽然低下头用树叶扫除周子的污迹。㊺回：挡回。俗士：指周子。谢：谢绝。逋（bū）客：逃客，指周子。

卷八 唐文一

谏太宗十思疏①

魏征

作者简介

魏征（580~643），字玄成，巨鹿（今属河北）人。后移居相州内黄（今河南内黄西北）。少孤贫，曾为道士。隋末参加农民起义的瓦岗军，后随李密降唐。曾任谏议大夫，左光禄大夫，封郑国公，以敢言直谏著称，是中国历史上极富盛名的谏臣。曾主持编撰《梁书》《陈书》《北齐书》《周书》《隋书》，并主编《群书治要》，言论多见于《贞观政要》。

原文

臣闻求木之长者，必固其根本；欲流之远者，必浚其泉源；思国之安者，必积其德义。②源不深而望流之远，根不固而求木之长，德不厚而思国之安，臣虽下愚，知其不可，而况于明哲乎！人君当神器之重，居域中之大，不念居安思危、戒奢以俭，斯亦伐根以求木茂，塞源而欲流长也。③

凡昔元首，承天景命。善始者实繁，克终者盖寡。岂取之易，守之难乎？④盖在殷忧，必竭诚以待下；既得志，则纵情以傲物。竭诚，则吴越为一体；傲物，则骨肉为行路。⑤虽董之以严刑，振之以威怒，终苟免而不怀仁，貌恭而不心服。⑥怨不在大，可畏惟人。载舟覆舟，所宜深慎。⑦

诚能见可欲，则思知足以自戒；将有作，则思知止以安人；⑧念高危，则思谦冲而自牧；惧满盈，则思

竹西草堂图　元·张渥

图绘竹林葱郁，远山盘亘，江水如镜。依山傍水处有一草堂，苍松雅树环绕，环境清幽。一人独坐堂内，两臂依榻上，目视前方。画幅左上角有草堂主人杨瑀题诗一首，拖尾有杨维桢撰写『竹西草堂记』及元张雨、邵衷、马琬、赵潇、钱维善、陶宗仪诸名家诗题，并有明杨循吉、黄云、项元汴，清高士奇题诗或题记。

江海下百川；⑨乐盘游，则思三驱以为度；忧懈怠，则思慎始而敬终；⑩虑壅蔽，则思虚心以纳下；惧谗邪，则思正身以黜恶；⑪恩所加，则思无因喜以谬赏；罚所及，则思无以怒而滥刑。⑫总此十思，宏兹九德，简能而任之，择善而从之，则智者尽其谋，勇者竭其力，仁者播其惠，信者效其忠。⑬文武并用，垂拱而治。何必劳神苦思，代百司之职役哉！⑭

选自《旧唐书》卷七十一

注释

①疏：以书面的形式向皇帝陈述政见的奏章。②『臣闻』二句：意为想要树木生长，一定要巩固它的树根和树干。木：树。长(zhǎng)：生长。根本：指树根和树干。流：指流水。浚(jùn)：疏通水道。泉源：泉水源头。德义：道德义理。③明哲：明智的人。这里指唐太宗。当：担当，掌管。神器：指帝位。居域中之大：《老子》中有『道大，天大，地大，王亦大。域中有四大，而王居其一焉』的说法。域中，指天地间。戒奢以俭：用厉行节俭的方法来革除奢侈。斯：这。亦：也。④元首：君主，天子。承天景命：秉承上天的大命。景，大。克：能够。⑤『盖在』二句：意

为大体上在忧虑深重的时候，一定是竭尽诚心来对待属下的。殷忧：深忧。纵情：放纵情怀。傲物：轻视他人。吴越：指春秋时期两个敌对的诸侯国。一体：关系密切，就像是一个整体。骨肉：比喻亲人。行路：路人，指彼此没有关系的陌生人。⑥董：督察，监督。苟免：苟且来求得免罪。怀仁：指怀念仁德。貌恭：指外表恭顺。⑦怨不在大：出自《尚书·康诰》，是说人的怨恨不在事大。这里是说不能做使人民怨恨的事。载舟覆舟：出自《荀子·王制》：『君者，舟也；庶人者，水也。水则载舟，水则覆舟。』用舟和水的关系喻指君主和民众的关系。宜：应该，应当。深慎：深切地慎重考虑。⑧诚：果真，确实。可欲：符合心意的欲念。知足：自己知道满足。自戒：自己警戒。有作：为造作，指兴建宫苑等事。知止：知道适可而止。安人：安民，使人民安定。⑨『念高危』二句：意为考虑到居高临危，就要想到谦虚并加强自我修养。谦冲：谦虚。自牧：自我修养。『惧满盈』二句：意为害怕骄傲自满，就想象江海的巨大是因为居于百川之下。江海下百川：出自《老子》『江海所以能为百谷王者，以其善下之』。⑩『乐盘游』二句：喜欢打猎游乐，要做到一年以三次为限。盘游：回绕游乐，这里指田猎游乐。三驱：古代狩猎，一年以三次为限。『忧懈怠』二句：担心意志懈怠，就想到做事要谨慎地善始善终。慎始：小心谨慎地开始。敬终：严肃恭敬地结束。⑪『虑壅蔽』二句：意为担忧自己受到蒙蔽，就想到接受下面的意见。壅蔽：堵塞遮蔽。纳下：指接受下面的意见。『惧谗邪』二句：担心谗佞奸邪的小人，就想到端正自身而摒除邪恶。谗邪：谗言奸邪的人。正身：端正自身。黜（chù）恶：摒除恶行。⑫『恩所加』二句：有恩赏加给人，就想到不要因为一时高兴而赏赐不当。因喜：因为一时高兴。滥刑：滥施刑罚。⑬总：总括，综合。宏：发扬。九德：古人称贤人所具备的九种优良品德。《尚书·皋陶谟》：『宽而栗，柔而立，愿而恭，乱而敬，扰而毅，直而温，简而廉，刚而塞，强而义……九德咸事。』简：选择。智者：聪明智慧的人。勇者：勇敢的人。仁者：仁爱的人。信者：诚实守信的人。⑭垂拱：垂衣拱手，指不亲自处理事务。劳神苦思：精神忧愁，苦苦思索。百司：百官。职役：职事，职责。

代李敬业传檄天下文①

骆宾王

作者简介

骆宾王（约640～约684），婺州义乌（今属浙江）人。七岁能诗，号『神童』。初为道王李元庆府属，历官武功、长安主簿。高宗仪凤年间（676～678）担任侍御史，因事入狱，不久被贬为临海（今属浙江）县丞。后弃官离去。武则天光宅元年（684），李敬业起兵反对武则天，骆宾王代作了这篇檄文来声讨武则天。后李敬业兵败，骆宾王下落不明。骆宾王以诗著名，是『初唐四杰』之一，工于骈文。有《骆临海集》。

原文

伪临朝武氏者，性非和顺，地实寒微。昔充太宗下陈，尝以更衣入侍。②洎乎晚节，秽乱春宫。潜隐先帝之私，阴图后房之嬖。③入门见嫉，蛾眉不肯让人；掩袖工谗，狐媚偏能惑主。践元后于翚翟，陷吾君于聚麀。④加以虺蜴为心，豺狼成性，近狎邪僻，残害忠良，杀姊屠兄，弑君鸩母。⑤人神之所同嫉，天地之所不容。犹复包藏祸心，窥窃神器。君之爱子，幽之于别宫；贼之宗盟，委之以重任。⑥

呜呼！霍子孟之不作，朱虚侯之已亡。燕啄皇孙，知汉祚之将尽；龙漦帝后，识夏庭之遽衰。[7]

敬业皇唐旧臣，公侯冢子。奉先君之成业，荷本朝之厚恩。宋微子之兴悲，良有以也；袁君山之流涕，岂徒然哉！[8]是用气愤风云，志安社稷。因天下之失望，顺宇内之推心，爰举义旗，誓清妖孽。[9]南连百越，北尽三河，铁骑成群，玉轴相接。海陵红粟，仓储之积靡穷；江浦黄旗，匡复之功何远？[10]班声动而北风起，剑气冲而南斗平。喑呜则山岳崩颓，叱咤则风云变色。以此制敌，何敌不摧？以此攻城，何城不克？[11]

公等或家传汉爵，或地协周亲，或膺重寄于话言，或受顾命于宣室。言犹在耳，忠岂忘心？[12]一抔之土未干，六尺之孤何托！倘能转祸为福，送往事居，共立勤王之勋，无废大君之命，凡诸爵赏，同指山河。[13]若其眷恋穷城，徘徊歧路，坐昧先幾之兆，必贻后至之诛。[14]

请看今日之域中，[15]竟是谁家之天下！移檄州郡，咸使知闻。

选自《骆临海集笺注》卷十

注释

①李敬业：唐右武侯大将军徐世勣（唐太宗赐名李勣）的孙子。武则天时因事被贬为柳州司马，客居扬州。光宅元年（684），李敬业与杜求仁、骆宾王等在扬州起兵，杀了当时的刺史陈敬之，打着『匡复中宗』的旗号，传檄四方。李敬业既然以拥戴李唐王朝、反对武则天为号召，自然以皇家所赐『李』姓为荣，哪里有恢复『徐』姓的道理。檄文：一种萌芽于春秋战国时期的军事文书。到后来成为古代官府用以征召、晓谕或声讨的文书。②临朝：太后上朝处理国政。武氏：武则天（624~705），并州文水（今属山西）人。十四岁入宫，曾为唐太宗的才人，永徽六年（655）立为唐高宗皇后。后来高宗病死，太子李显

（中宗）即位，武则天临朝称制。第二年，废立中宗，册立李旦（睿宗）为帝，自己仍然掌握大权。载初元年（690），废立睿宗，改国号为周，自称圣神皇帝。地：门第，地位。寒微：指出身贫微。下陈：古代殿堂下陈放礼品、站列婢妾的地方。这里指武则天曾为唐太宗的才人，是地位低下的侍姬。更衣：换衣服。这里借指武则天以贱人得宠。③洎（jì）：到。晚节：晚年。秽乱春宫：指武则天在唐高宗还是太子时就与他有暧昧关系。春宫，太子之宫。潜隐：秘密隐藏。先帝：指唐太宗李世民。私：宠幸。后房：指姬妾。嬖：这里指因侍奉而获宠幸，含下贱意。④入门见嫉：指其他宫女选入宫中而被武则天妒忌。蛾眉：女子的秀眉。代指美女，这里指武则天。掩袖工谗：楚王夫人郑袖告诉新入宫受到楚王宠爱的美人，见了楚王要用袖子掩住鼻子，因为楚王不喜欢她的鼻子。于是美人每次见到楚王都以袖掩鼻。楚王不解，郑袖告诉楚王美人嫌楚王口臭。楚王大怒，令人割了美人的鼻子。这里借指武则天谗言害人。武则天曾经给高宗生了一个女儿，王皇后去抱弄，武则天就把女婴窒息致死而嫁祸于王皇后，王皇后因此失宠而被废。狐媚：古代称用手段迷惑人为狐媚。『践元后』句：意为套上皇后的华丽衣服。践：登，这里引申为承袭。元后：正宫皇后。翚翟（huīdí）：翚和翟都是羽毛美丽的山鸡，这里形容皇后的礼服美丽。聚麀（yōu）：几只公鹿和一只母鹿相交配。这里指唐太宗和唐高宗都和武则天有性关系。⑤虺蜴（huǐyì）：比喻恶毒的人。近狎：亲昵，亲近。邪僻：邪曲，不正派。这里指武则天的宠臣徐敬宗、李义府等。残害忠良：指武则天杀害长孙无忌、褚遂良等元老重臣。杀姊屠兄：武则天被封为皇后之后，她的同父兄武元庆、武元爽被贬谪死，武氏又杀姊女魏国夫人贺兰氏，杀兄子惟良、怀运等。弑君鸩母：意为杀害君王，毒死母亲。武则天时，高宗和母亲杨氏都是正常死亡，并不是被武则天害死的。这里所说与史实有出入。弑，古代称子杀父、臣杀君为弑。鸩，用鸩鸟羽毛泡的毒酒杀人。⑥嫉：憎恨。窥窃：暗中图谋。神器：指帝位。『君之』二句：意为先帝的爱子被幽囚在宫中别舍。『贼之』二句：意为逆贼的宗族，被委予重任。贼：指武则天。宗盟：宗亲结盟，指武氏宗族武承嗣、武三思等。⑦霍子孟：西汉大臣霍光，字子孟。他奉汉武帝遗诏辅佐幼主汉昭帝，昭帝死后，他迎立昌邑王刘贺为帝。刘贺淫乱无度，他废掉了刘贺，迎立汉宣帝。作：兴起。『朱虚侯』句：汉高祖刘邦的孙子、齐惠王刘肥的儿子刘章，被封为朱虚侯。高祖死后，吕后专政。吕后死后，诸吕想要趁机作乱。刘章与丞相陈平、太尉周勃合谋，杀了诸吕，迎立汉文帝，维护了刘氏的政权。『燕啄』二句：西汉成帝皇后赵飞燕没有生下儿子，又嫉妒其他嫔妃，于是杀害了许多皇子，汉成帝因而没有后代。这两句借赵飞燕的故事，影射武则天先后废杀太子李忠、李弘、李贤。汉祚：这里指唐代帝位。『龙漦（lí）』二句：夏王朝即将衰败时，有两条神龙降临宫中，自称褒之二君。夏帝占卜，说用木盒把龙的唾沫收藏起来，就会逢凶化吉。夏亡，经殷商入西周，直到周厉王末年才打开木盒。龙涎流溢化为玄鼋（yuán，大鳖），一宫女感而有孕，生女即褒姒。后来周幽王以褒姒为后，废太子，招致犬戎之祸，西周遂亡。这两句借褒姒的传说比拟武则天当上皇后将使唐祚灭亡。漦：口水，唾沫。夏庭：借指唐朝廷。⑧『敬业』二句：意为李敬业是大唐的旧臣，公侯的长子。所以有资格担当讨伐武则天而安定唐王朝的领袖人物。皇：大。冢子：嫡长子。先君：指李敬业的祖父徐世勣（李勣）、父亲李震。荷：蒙受，承受。『宋微子』二句：殷纣王的庶兄微子封于宋地。微子到了周，朝见周天子，路过已经荒废的殷商旧都，作了《麦秀歌》来寄托自己的悲思。兴悲：生出悲痛。有以：有缘由。『袁君山』二句：意为元岩即使痛哭流涕，岂不也是枉然吗？袁君山：即元君山，指隋朝的元岩，字君山，隋文帝时为兵部尚书，直言无避。诸子出镇，元岩辅佐蜀王杨秀。杨秀心中害怕元岩，所以不敢太胡作非为。开皇十三年（593），元岩死在任。后杨秀做了违法的事，隋文帝慨叹君山早逝。这里作『衰』，为笔误。这里是借拟元君山的慨叹痛惜的口吻，来表达对皇室社稷的忧虑。⑨是用：因此，所以。气愤风云：气势激发风云。社稷：帝王祭祀的土神和谷神，借指国家。宇内：天下。推心：推出自己的诚心。爰：于是。妖孽：怪异不祥的事物，这里指武则天。⑩百越：指古代南方各地。尽：全，都。三河：汉时把河内、河南、河东这三郡作为三河，在今河南洛阳黄河南北一带。玉轴：指战车。『海陵』二句：意思是说海陵的红米积存，足以知道仓储的军粮无数。海陵：治所在今江苏泰州。红粟：指仓米变红的陈米，这里形容积存的仓米非常多。『江浦』二句：意为江边的黄旗飘扬，挽救复兴将亡之朝的功业为期不远。黄旗：古代军中为大将之旗。李敬业起兵时自称为匡复府大将、扬州大都督，这里喻指李敬业的起事。⑪班声：班马的声音，指载人离去的马声。班，并。『剑气』句：根据《晋书·张华传》上的记载，张华看天象，吴地斗牛之间有异气。他询问豫章（今江西南昌）人雷焕，雷焕回答『宝剑之精，上彻于天』。问在哪里，答在豫章丰城。张华就任命雷焕为丰城令，掘狱屋基，得龙泉、太阿双剑。剑气：宝剑的光芒。南斗：即斗宿，代指分野中的吴地。喑（yīn）呜：发怒声。崩颓：倒塌。叱咤：怒喝。风云变色：局势变幻。克：攻破。⑫『公等』四句：诸公有的有世代传袭的爵位，有的身份地位合于皇室的至亲，有的承受重托于口头言语，有的接受顾命于殿室。公：诸公，指檄文所传示的对象。或：有的，有的人。家传汉爵：家传世袭的汉代王侯封爵。这里借汉说唐，指异姓官员。地协周亲：身份地位合于至亲。这里指宗室官员。周亲，至亲。膺：承受。顾命：帝王临终的遗命。宣室：汉代帝王召问大臣的地方，在未央宫正殿前室。⑬一抔（póu）之土：一捧土，指坟墓。『六尺』句：意为先帝的遗孤究竟依托在哪里？六尺之孤：指唐高宗的

遗孤中宗李显，当时已被废为庐陵王而遭到软禁。送往：送走已逝的（唐高宗）。事居：侍奉现在的（唐中宗）。勤王：古代天子蒙难，诸侯大臣起兵救助。勋：大功。大君之命：天子的命令。同指山河：一起指着泰山、黄河发誓。⑭穷城：困厄之城。这里指不响应李敬业起事而据守的城。徘徊歧路：在岔路口回旋不进。引申为拿不定主意。坐：由于。昧：被蒙蔽。先幾（jī）之兆：先兆。幾，迹象。贻（yí）：留下。后至之诛：指因迟迟不响应而后到的人，按军法诛戮。⑮域中：指国内。

秋日登洪府滕王阁饯别序①

王勃

作者简介

王勃（650~约676），字子安，唐绛州龙门（今山西河津县）人，祖父王通为隋代著名学者。小时便才华显露，六岁能文，被称为『神童』，二十岁不到的时候，对策取在高等，任朝散郎。聘为沛王李贤王府修撰。因戏为《檄英王斗鸡文》一文，触怒唐高宗，被逐出王府。后为虢州参军，因杀官奴被除名。父亲王福畤也因此被贬为交趾（今越南河内市西北）令。高宗上元二年（675），王勃往交趾省亲，相传渡海落水，惊悸而死。王勃以诗闻名，与杨炯、卢照邻、骆宾王被称为『初唐四杰』。有《王子安集》传世。

原文

豫章故郡，洪都新府。星分翼轸，地接衡庐。②襟三江而带五湖，控蛮荆而引瓯越。物华天宝，龙光射牛斗之墟；人杰地灵，徐孺下陈蕃之榻。③雄州雾列，俊采星驰。台隍枕夷夏之交，宾主尽东南之美。④都督阁公之雅望，棨戟遥临；宇文新州之懿范，襜帷暂驻。十旬休暇，胜友如云；千里逢迎，高朋满座。[5]腾蛟起凤，孟学士之词宗；紫电青霜，王将军之武库。家君作宰，路出名区；童子何知，躬逢胜饯。[6]

时维九月，序属三秋。潦水尽而寒潭清，烟光凝而暮山紫。[7]俨骖騑于上路，访风景于崇阿。临帝子之长洲，得仙人之旧馆。[8]层台耸翠，上出重霄；飞阁流丹，下临无地。[9]鹤汀凫渚，穷岛屿之萦回；桂殿兰宫，列冈峦之体势。[10]披绣闼，俯雕甍；山原旷其盈视，川泽盱其骇瞩。[11]闾阎扑地，钟鸣鼎食之家；舸舰迷津，青雀黄龙之舳。虹销雨霁，彩彻云衢。[12]落霞与孤鹜齐飞，秋水共长天一色。渔舟唱晚，响穷彭蠡之滨；雁阵惊寒，声断衡阳之浦。[13]

遥吟俯畅，逸兴遄飞。爽籁发而清风生，纤歌凝而白云遏。[14]睢园绿竹，气凌彭泽之樽；邺水朱华，光照临川之笔。四美具，二难并。[15]穷睇眄于中天，极娱游于暇日。天高地迥，觉宇宙之无穷；兴尽悲来，识盈虚之有数。[16]望长安于日下，指吴会于云间。地势极而南溟深，天柱高而北辰远。[17]关山难越，谁悲失路之人？萍水相逢，尽是他乡之客。怀帝阍而不见，奉宣室以何年！[18]嗟乎！时运不济，命途多舛。冯唐易老，李广难封。[19]屈贾谊于长沙，非无圣主；窜梁鸿于海曲，岂乏明时？所赖君子见机，达人知命。[20]老当益壮，宁知白首之心；穷且益坚，不坠青云之志。酌贪泉而觉爽，处涸辙以犹欢。[21]北海虽赊，扶摇可接；东隅已逝，桑榆非晚。孟尝高洁，空怀报国之心；阮籍猖狂，岂效穷途之哭？[22]

勃，三尺微命，一介书生。无路请缨，等终军之弱冠；有怀投笔，慕宗悫之长风。[23]舍簪笏于百龄，奉晨昏于万里。非谢家之宝树，接孟氏之芳邻。[24]他日趋庭，叨陪鲤对；今晨捧袂，喜托龙门。杨意不逢，抚凌云而自惜；钟期既遇，奏流水以何惭？[25]

呜呼！胜地不常，盛筵难再；兰亭已矣，梓泽丘墟。临别赠言，幸承恩于伟饯；[26]登高作赋，是所望于群公。敢竭鄙诚，恭疏短引；一言均赋，四韵俱成：[27]

滕王高阁临江渚，佩玉鸣鸾罢歌舞。画栋朝飞南浦云，珠帘暮卷西山雨。闲云潭影日悠悠，物换星移几度秋。阁中帝子今何在？槛外长江空自流！[28]

选自《王子安集》卷八

注释

①滕王阁，在今江西南昌，面对赣江，唐高祖李渊第二十二子李元婴任洪州都督时（650~655）所建，因李元婴被封为滕王而称『滕王阁』。本文系王勃于唐高宗上元二年（675）往交趾省亲，途径南昌，恰逢洪州都督阎公在此举行宴会的席间所写。序：原指评介作品内容的文字。唐宋以来，送别赠言之文也称序。②豫章：汉代的郡名，在今江西南昌，唐代时改为洪州，所以称故郡。洪都：指洪州。唐武德五年（622）改豫章郡为洪州，设都督府，所以称『洪都新府』。星分：星象的分野。翼轸：二十八星宿中的二星。衡庐：指湖南的衡山和江西的庐山。③襟：以……为衣襟。三江：《尚书·禹贡》伪孔传『自彭蠡江分为三』。彭蠡即鄱阳湖，在豫章附近。带：环绕。五湖：指豫章四周的太湖、鄱阳湖、青草湖、洞庭湖、丹阳湖。控：操纵，控制。蛮荆：指南方楚地。引：延伸。瓯（ōu）越：指今浙江、福建、广东一带。『物华』二句：物的精华就是天上的珍宝，宝剑的光芒直射斗、牛星宿所在的地方。龙光射牛斗：见前《代李敬业传檄天下文》中的『剑气』注。『人杰』二句：意为人中之俊杰源自地上的灵气，高士徐稺能让太守陈蕃放下坐榻。徐孺：指东汉高士徐稺，孺子是他的字，南昌人。下：使放下。陈蕃：豫章太守。他专为徐稺设了一

床榻，徐穉来了就放下，走了就悬起来。④雄州：指唐代第一等的州。雾列：建筑物像雾一样罗列着。形容富庶繁华。俊采：指有才之士。星驰：形容人才很多，像流星飞驰。『台隍』句：楼台城壕据荆楚、中原接壤的地方。台隍，楼台和城壕。隍，指没有水的护城河。枕：据。夷夏：夷指荆楚少数民族地区，夏指华夏中原地区。『宾主』句：宾客和主人包括了东南一带所有的俊才。⑤都督阎公：指当时洪州都督阎公，名不详。都督，官名，唐有大都督府、中都督府、下都督府，设在各州，各设都督一人。雅望：美好的声望。棨(qǐ)戟：棨，木戟，戟，一种长柄的兵器。这里指官府的仪仗。宇文：复姓，人名不详。新州：在今广东新兴县境。这里指称呼复姓宇文的新州刺史职务。懿(yì)范：美好的风范。襜(chān)帷：车上的帷帐，代指车驾。驻：停住车马。十旬：十日为一旬。胜友：良友，好友。⑥『腾蛟』二句：龙腾凤舞，孟学士是文坛宗匠。腾蛟：相传西汉董仲舒梦蛟龙入怀，于是作《春秋繁露》。起凤：西汉扬雄作《太玄经》，梦口吐凤凰，飞集书上。孟学士：生平不详，宴会上的文人。词宗：文辞的宗匠。『紫电』二句：宝剑的剑刃寒光闪闪，王将军的武器仓库极其威武。紫电：古代一种宝剑名。青霜：汉高祖刘邦曾用剑斩白蛇，剑刃上常像霜雪一样白亮。王将军：名不详，宴会上的武官。武库：指储藏武器的仓库。这里用以比附王将军的职务。家君：对人称自己的父亲。作宰：任县令。名区：指洪州。躬：亲身。胜饯：美好的送别宴会。⑦维：语气词，无实义。序：季节，时序。属：归属。三秋：秋季的第三个月，即九月。潦(lǎo)水：因雨而积聚的水。寒潭：清凉的深池。烟光：光气凝聚。紫：指暮秋时的植被颜色斑驳不一。⑧俨：整肃的样子。骖騑(cānfēi)：指驾车的马。骖，车辕两旁的马，騑，骖旁的马。上路：大路。崇阿：高大的山陵。帝子：帝王的儿女，这里指滕王李元婴。长洲：水中陆地，这里借指江中游乐的地方。仙人：神采出众的人，这里指滕王。旧馆：指滕王阁。⑨层台耸翠：重叠的阁台高耸着翠色。重霄：层层云霄。飞阁：飞举的楼阁。丹：指朱漆。下临无地：往下看，由于飞阁是架空的，所以好像看不见地。⑩『鹤汀』句：鹤站在水边平地，野鸭聚集栖息在水岛中。凫：野鸭。萦回：纡回曲折。桂殿：桂木宫殿，对殿的美称。兰宫：木兰宫殿，对宫的美称。体势：起伏的形状。⑪披：打开。闼（tà）：宫中小门，这里指阁门。雕甍（méng）：雕饰的屋脊。『山原』句：山岭平原，满眼望去多么开阔。盈视：满眼看。『川泽』句：河流湖泽广阔，望去令人惊骇。盱（xū）：大。瞩（zhǔ）：注视。⑫闾阎（lǘ yán）：里巷的门，泛指房屋。扑地：遍地。扑，本指敲击，这里引申形容一座座建成的房屋屹立于地上。钟鸣鼎食：古代贵族列鼎而食，食时击钟奏乐。舸舰：泛指大船。迷津：迷失渡口，这里是形容渡头停满了船只，遮蔽了渡口。青雀黄龙：这里指船尾的鸟、龙图案。舳（zhú）：船尾。虹销：彩虹消退。雨霁（jì）：雨停。彻：穿，透。云衢（qú）：云路，云途。⑬『落霞』二句：绚丽的晚霞被空中孤飞的野鸭映衬得像在一齐飞动；清澈的秋水与明净的长空相映成水天一色。『渔舟』二句：傍晚渔舟传出歌声，回响直达鄱阳湖边。响：回声。彭蠡（lǐ）：鄱阳湖的古称。『雁阵』二句：南飞的群雁感到天寒，飞鸣声止于衡阳水滨。雁阵：雁飞行时排成的队形。断：尽。衡阳：相传湖南衡阳南有回雁峰，大雁飞到了这里就不再南飞，等到春天又北归。⑭遥吟：指登阁遥望长吟。俯畅：指在阁上俯视而觉畅快。逸兴：超逸的兴致。遄（chuán）飞：疾速飞扬。爽籁：秋天大自然发出的各种声响。纤（xiān）歌：指柔美的歌声。凝：凝聚。白云遏：薛谭向秦青学唱歌，学了一段时间，觉得没有学到真正的技巧，于是请求告辞回家。秦青也不留他，在郊外为薛谭设宴送行。席间，秦青按着节拍放声悲歌，声振林木，响遏行云。薛谭听后向老师道歉，终身不敢再提要回去的事。后来用『遏云』形容嘹亮优美的歌声。⑮

『睢园』二句：睢园绿竹中的聚会，酒量豪情的气势压倒了陶渊明的酒杯。睢园：即梁园，亦即西汉梁孝王刘武的睢阳菟园，为游赏和延请宾客的地方。在今河南商丘市睢阳区南。彭泽：指东晋陶渊明。樽：酒杯。『邺水』二句：像邺水红花一样的诗文，光彩映照谢临川之笔。邺水：邺，古代的邑都名，在今河北临漳县漳河边，是曹魏兴起之地。朱华：红花，即荷花。临川：指南朝诗人谢灵运，他曾任临川内史，临川故治在今江西临川西。四美：指良辰、美景、赏心、乐事四件事。具：齐备。二难：指贤主人、佳宾客难得。⑯睇眄（dìmiǎn）：环视。中天：半空中。娱游：娱乐嬉游。暇日：指闲暇的日子。『天高』二句：天高地远，感到天地往来没有穷尽。迥：远。宇宙：指空间和时间。『兴尽』二句：兴致没有了，悲从中来，才知道事物的变化规律有一定的定数。盈虚：满与空，指消长变化。数：定数，命运。⑰『望长安』句：向西眺望长安，就像在日下一样遥远。日下：既是景象，也指京都长安。『指吴会』句：东指吴郡、会稽郡，就像在云间缥缈难见到。吴会：吴郡、会稽郡，指今江浙一带。云间：江苏松江县的古称，这里双关，也指云雾之间。『地势』二句：地势尽于深广的南海，天柱耸向高远的北极星。极：极远的地方。南溟：南方大海。天柱：古代神话说昆仑山上有铜柱，高耸入天围三千里，周圆如削，称天柱。昆仑为大地之中。北辰：指北极星。⑱关山：关隘山川。失路之人：比喻不得志的人。萍水相逢：比喻流浪生涯如浮萍随水。他乡之客：指异乡的客旅之人。帝阍（hūn）：宫门，这里借指朝廷。奉：侍奉。宣室：汉未央宫前殿正室。这里借贾谊事表达自己希望入朝做官而不能。⑲嗟乎：语气词，表感慨悲伤。时运不济：时机命运不一致。命途多舛（chuǎn）：生活经历多乖违不顺。冯唐易老：指年老而仍不得志。西汉冯唐在汉文帝、汉景帝时均不受重用，汉武帝广求贤良，冯唐被推举，但已九十多岁，不能再做官了。李广难封：西汉名将李广，抗击匈奴屡

立战功，到死都没有封侯。⑳『屈贾谊』二句：委屈贾谊在长沙供职，并不是没有圣明的君主啊。贾谊：汉文帝时人。汉文帝本想任贾谊为公卿，但因听信谗言，贾谊最终被贬为长沙王的太傅。圣主：指汉文帝。『窜梁鸿』二句：放逐梁鸿到海滨的僻远处，难道缺少清明的时政？窜：放逐。梁鸿：东汉隐士，曾作《五噫歌》讥讽朝政。汉章帝派人去找他，梁鸿则改名换姓，与妻子避居齐鲁、吴中。海曲：沿海偏僻地区。明时：指政治清明的时政。所赖：所可倚仗的。见机：指事前洞察事物的动向。达人：通达事理的人。知命：指顺从天命。㉑老当益壮：年纪虽老而志气更加豪壮。宁：岂，难道。白首：白头，指年老。穷：处于困境，不得志。坚：坚强，刚强。青云之志：喻指志向高远。『酌贪泉』句：喝了贪泉的水而心境仍然清明。『处涸辙』句：处于涸辙的困境中，仍然保持着乐观心境。涸辙：水已干涸的车辙水坑。㉒北海：古时泛指北方最远的地区。赊：远。扶摇：盘旋上升的旋风。『东隅』二句：早年的时光虽已过去，将来的时光仍有希望。东隅：东方太阳出来的地方，指早晨。桑榆：本指日暮，这里比喻暮年。『孟尝』二句：孟尝高尚纯洁，空有报国心而没有受到重用。孟尝：东汉人，操行高洁，曾任合浦太守。『阮籍』二句：阮籍放纵不拘，怎么能放纵他行到无路可走就放声大哭呢？阮籍：西晋诗人，『竹林七贤』之一。猖狂：无所束缚，随心所欲。穷途之哭：《晋书·阮籍传》记载，阮籍经常坐车出游，不沿道路走，路不通则恸哭而返。㉓三尺：指衣带下垂的长度。绅（衣带）长三尺，指官品卑微。微命：指小职。一介：一人，单个。『无路』二句：请缨报国没有门路，我与终军弱冠的年龄却相等啊！请缨：指请求赐予克敌建功的命令。缨，捆绑用的绳子。等：相等，相同。终军：西汉人，二十多岁时曾向皇帝请缨去缚南越王。弱冠：古代指年满二十岁的男子。『有怀』二句：有心投笔从戎，羡慕宗悫（què）乘长风的豪言壮语。投笔：指弃文从武。㉔簪

(zān)笏(hù)：古代笏以书事，簪笔以备书。臣僚奏事，执笏簪笔，就叫簪笏。簪，插。笏，执板之类的东西。百龄：百年，即一生。晨昏：侍奉父母的日常礼节，早上向父母问安，到了晚上为父母铺床。『非谢家』句：自己并非谢玄那样可以光宗耀祖的才子。谢家之宝树：据《世说新语·言语》记载，东晋宰相谢安问子侄，为什么人们总希望子弟好。侄谢玄答道：『譬如芝兰玉树，欲其生于庭阶耳。』因称谢玄为谢家宝树。这里王勃谦言自己无才。『接孟氏』句：靠近孟母的住宅，做个好邻居。孟氏之芳邻：据《列女传》记载，孟子的母亲在孟子小时候，曾三次迁往别的地方来为孟子营造一个好的学习环境。这里形容宴会上所结交的都是贤德之人。㉕『他日』二句：以后到父亲那里要恭敬地小步快走，惭愧地学着孔鲤聆听孔子的教诲。趋庭：指承受父教，事见《论语·季氏》。趋，小步快走，表示恭敬。叨陪：谦称陪从或追随。鲤：孔子的儿子孔鲤。捧袂(mèi)：抬起衣袖，表示谒见时的恭谨。袂，指衣袖。喜托龙门：指以受到接待为荣幸。『杨意』二句：没遇到像杨得意那样能举荐自己的人，只能手持凌云之赋而空自叹惜。杨意：即杨得意，汉武帝的狗监。据《汉书·司马相如传》记载，汉武帝很欣赏司马相如的《子虚赋》，但不知作者就是当世人。杨得意告诉了汉武帝，于是武帝召见司马相如，司马相如进献的《大人赋》中有『飘飘有凌云之气』句。这里以『凌云』暗指王勃自己的文章得不到引荐。『钟期』二句：既然遇到像钟子期一样的知音，即使奏出流水之曲又有什么可惭愧的呢？钟期：春秋时人钟子期，善辨乐。《列子·汤问》记载，春秋时楚人伯牙鼓琴，想到高山，钟子期说『善哉，峨峨兮若泰山』。想念流水，钟子期说『善哉，洋洋兮若江河』。钟子期死后，伯牙不复鼓琴。这里是以伯牙自比，表示既遇阎都督这个知音，所以敢作此序。㉖胜地：有名的景色优美的地方。不常：不常游。兰亭：在今浙江绍兴市。东晋永和九年(353)，群贤宴会于此，王羲之作了流传千古的《兰亭集序》。已：过去，以往。梓泽：地名，西晋豪富石崇的金谷园的别名，在今河南洛阳市北。丘墟：废墟，荒地。赠言：送别语。承恩：承蒙恩典，指王勃承蒙阎公的邀请参加饯别宴。伟饯：盛大的饯别宴会。伟，大。㉗『登高』二句：登高来写作，这是把希望寄托在在座诸公身上啊。登高：《汉书·艺文志》说：『登高能赋，可以为大夫。』这里借『登高』来恭维在座的宾客都是君子、大夫。是：这，指登高作赋之事。敢：冒昧，大胆。这里表自谦。竭：竭力，尽力。鄙诚：鄙陋的诚心。恭：恭敬，谦慎有礼。疏：陈述。短引：小序。一言：指诗一首。均赋：指每人都赋一首。四韵俱成：指四韵八句的诗已写成。㉘佩玉：指古代贵族服饰系于衣带的玉石。鸣鸾：即鸣銮，指皇帝或高官出行。銮，系在车马上的铃。画栋：用彩画装饰的梁木。南浦：在今南昌西南，赣江在此分流。这里指分别的地方。物换星移：景物改变，星辰移动。形容时序世事的变化。帝子：古代通称皇帝的子女为帝子，这里指修建滕王阁的李元婴。槛：栏杆。

与韩荆州书①

李白

作者简介

李白（701~762），字太白，号青莲居士，唐代大诗人，也是我国最伟大的浪漫主义诗人。祖籍陇西成纪（今甘肃秦安）。隋末，其先人流寓碎叶（今吉尔吉斯斯坦托克马克附近），李白即生于此。幼时随父迁绵州昌隆（今四川江油）青莲乡。李白少年时即崭露才华，博学广览，吟诗作赋，并好行侠。他从二十五岁起离开四川，长期在各地漫游。唐明皇天宝元年（742）被荐入京，供奉翰林。两年不到，因不满充当侍臣，同时受同僚谗毁，被『赐金放还』。安史之乱发生时，李白为永王李璘幕僚。永王败，李白受到牵连，被流放到夜郎，中途遇赦东还。晚年在江南地区漂泊，最后死在安徽当涂。李白的诗雄奇奔放，想象力极其丰富。存世诗文千余篇，代表作《蜀道难》、《将进酒》等，有《李太白全集》传世。

原文

白闻天下谈士相聚而言曰：『生不用封万户侯，但愿一识韩荆州。』何令人之景慕，一至于此！②岂不以有周公之风，躬吐握之事，使海内豪俊奔走而归之，一登龙门，则声价十倍。③所以，龙蟠凤逸之士皆欲收名定价于君侯。④君侯不以富贵而骄之、寒贱而忽之，则三千之中有毛遂，使白得颖脱而出，即其人焉。⑤白，陇西布衣，流落楚汉。十五好剑术，遍干诸侯；三十成文章，历抵卿相。⑥虽长不满七尺，而心雄万夫。王公大人，许与气义。此畴曩心迹，安敢不尽于君侯哉！⑦

君侯制作侔神明，德行动天地，笔参造化，学究天人。⑧幸愿开张心颜，不以长揖见拒。必若接之以高宴，纵之以清谈，请日试万言，倚马可待。⑨今天下以君侯为文章之司命、人物之权衡，一经品题，便作佳士。而君侯何惜阶前盈尺之地，不使白扬眉吐气，激昂青云耶！⑩

昔王子师为豫州，未下车即辟荀慈明，既下车又辟孔文举。⑪山涛作冀州，甄拔三十馀人，或为侍中、尚书，先代所美。⑫而君侯亦一荐严协律，入为秘书郎；中间崔宗之、房习祖、黎昕、许莹之徒，或以才名见知，或以清白见赏。⑬白每观其衔恩抚躬，忠义奋发。白以此感激，知君侯推赤心于诸贤之腹中，所以不归他人，而愿委身国士。倘急难有用，敢效微躯。⑭

且人非尧舜，谁能尽善？白谟猷筹画，安能自矜？⑮至于制作，积成卷轴，则欲尘秽视听，恐雕虫小技，不合大人。⑯若赐观刍荛，请给纸笔，兼之书人。然后退扫闲轩，缮写呈上。⑰庶青萍、结绿，长价于薛、卞之门。幸推下流，大开奖饰。唯君侯图之！⑱

选自《李太白全集》卷二十六

松溪钓艇图　元·赵雍

此卷近处画苍松两株，参天而立，枯疏的荆棘和阔叶的杂树穿插其间。对岸环山起伏连绵，远接天际。一渔父舟中垂钓，意境清幽旷远。图中笔墨清润厚重，得家传韵致，为赵雍山水画杰作。图左上自识『至正廿年二月既望仲穆画』，时年72岁。

注释

①韩荆州：韩朝宗，京兆长安人，韩思复之子，累迁荆州刺史。他喜提拔后进，当时士人都归附他。书：古代的一种文体名，多应用于私人之间的告述。②白：李白自称。谈士：谈论世事的士人。万户侯：食邑万户的诸侯。这里意为官高爵显。韩荆州：指韩朝宗。这里用韩朝宗在荆州任官的地名来称呼，是为了表示尊敬。景慕：崇敬景仰。一：乃，竟。③周公：周文王之子姬旦。躬：亲身。吐握之事：据《史记·鲁世家》记载，周公热心接待来客，甚至一次沐浴之中，三次停下来握住还没洗好的头发；一顿饭没吃完，三次吐出嘴里的东西。海内：指天下。豪俊：才智出众的人。登龙门：比喻得到有名望者的接待和援引而提高了自己的身价。④龙蟠凤逸：喻豪杰之士隐伏着等待好时机。逸，隐遁。收名：

获得美好的名声。定价：评定身价。君侯：对达官贵人的尊称，这里指韩朝宗。⑤骄：骄宠，宠爱。之：代指前面的『龙蟠凤逸之士』。忽：轻慢，不重视。『则三千』句：那么，三千宾客中就会有像毛遂那样的人才。毛遂：战国时赵国平原君的门客。秦国围困了赵国都城邯郸，平原君到楚国求救，毛遂自荐同往。楚王对平原君合纵抗秦的策略犹豫不决，毛遂按剑上前，陈述利害，终于说动楚王。颖脱而出：指锥尖透出布袋，显露出来。颖，指物体的尖端。其人：那人，指毛遂。⑥陇西：李白祖籍陇西郡成纪（今甘肃秦安），故自称陇西人。布衣：借指平民。流落楚汉：指李白正在楚地汉水间漫游。干：干谒，求请。诸侯：古代对中央政权所分封各国国君的统称。这里指出镇地方的高官。抵：依附，投靠。卿相：指在朝中任职的高官。⑦长：指身长。七尺：古代一尺的长度略少于今天一尺的长度。古人身长六尺、七尺，均为正常的身高。心雄万夫：指心志强于万人。王公大人：即达官贵人。许：赞许。与：给予。气义：气节和道义。指尚气的操守和正义的精神。畴曩（chóunǎng）：从前，以前。心迹：心意。⑧制作：著作，撰述。侔（móu）：等，齐，相当。神明：天地间神的总称。笔参造化：文笔阐述自然的创造化育。学究天人：学问探究天道人事的深微。⑨『幸愿』二句：希望你展开和悦的心情和脸色，不因我的长揖不拜行为而拒绝我。幸愿：希望。开张：开扩，展开。心颜：心情和脸色。长揖：古代宾主以平等身份相见的礼节，拱手自上而至极下。与拜相比，见贵官而行长揖之礼是高傲的表现。『必若』句：假使能以盛大的宴会接待我。必：果真，假使。之：指李白。高宴：盛大的宴会。『纵之』句：听任他清雅的言谈、议论。纵：听任，放纵。倚马可待：形容文思敏捷。⑩司命：文昌星座的星，据传主管世间的文运。权衡：古代称量物体轻重的器具。权，秤锤；衡，秤杆。『一经』二句：一经您的品评题名，便成为德才兼备之士。盈尺之地：满一尺的地方，言其小。盈，满。激昂青云：振奋昂扬于青云之志。⑪『昔王子师』三句：从前王允任豫州刺史，还没有到任就征召了荀爽；到任后，又征召了孔融。王子师：指东汉时的王允，字子师，汉桓帝时任豫州刺史。为：担当，担任。豫州：古州名，东汉时治所在今安徽亳州市。下车：指官吏到任。辟：征召。荀慈明：荀爽，字慈明，被王允征召为州从事。孔文举：孔融，字文举，孔子的二十世孙，喜欢结交士人，有文名，被王允征为州从事。后因恃才傲物，被曹操借故杀掉。⑫『山涛』四句：山涛担任冀州刺史，考察选拔了三十多人，其中有的官至侍中、尚书，这都为前代人所称道。山涛：西晋『竹林七贤』之一，曾任冀州刺史。作：为，充任。甄（zhēn）拔：鉴别，选拔。侍中：官名，汉以后侍奉皇帝左右，掌机要，备顾问。尚书：官名，战国时开始设立，掌管文书，汉成帝后始分曹办事，成为中央行政机构的官员。先代：前代，前朝。美：赞美。⑬『而君侯』二句：况且君侯您也一样举荐过严协律，进入朝廷任秘书郎。一：相同，一样。严协律：姓严的协律，名不详。协律，协律郎，古代掌管音乐的官员，隶属太常寺。秘书郎：指魏晋南北朝各大国在中央机构中设置的修撰兼管理档案典籍的官员。崔宗之：崔日用的儿子，曾任侍御史，是李白重要的交游之一。房习祖：生平不详。黎昕：生平不详。许莹：生平不详。才名：才干和名声。清白：指操行纯洁，没有污点。⑭衔恩：接受恩典。抚躬：省察自身。忠义奋发：忠心义胆，蓬勃生发。『知君侯』句：知道君侯您以至诚之心待人，与诸贤人推心置腹。推：推让。赤心：赤诚之心。归：归附，归向。委身：献身，以身事人。国士：全国推尊仰慕之士。微躯：微不足道的身躯。⑮尧舜：二人均为上古贤君，这里指圣人。谟猷（yóu）筹画：谋略策划。自衿（jīn）：自夸。⑯制作：这里指诗文的撰写。卷轴：古代诗文写在长条纸上。收藏时，纸的一端粘在木轴上，卷起的书册为卷轴。尘秽视听：污染、玷辱了别人的眼睛和耳朵。这是谦称自己的诗文不好。雕虫小技：对仅仅精于辞赋者的贬称，指微不足道的技能。⑰赐观：恭请上位人看一看。赐，给予，用于上对下。刍荛（chúráo）：本指割草打柴的草野之人，这里是自谦之词。书人：指抄写的人。然后：而后，之后。退扫闲轩：回去打扫空闲的小屋。缮写：抄写。⑱庶：庶几，但愿。青萍：古代宝剑名。结绿：美玉名。长（zhǎng）价：增长身价。薛、卞之门：薛指薛烛，春秋时越国人，善于识剑；卞指卞和，春秋时楚国人，善于识玉。这里比喻韩朝宗有知人之明。『幸推』二句：希望君侯您推恩于身处下位的人，大开称誉赞美之门。幸：希望，希冀。下流：指地位低下。奖饰：称誉赞美。图：考虑。

春夜宴从弟桃花园序①

李白

原文

夫天地者，万物之逆旅；光阴者，百代之过客。②而浮生若梦，为欢几何？古人秉烛夜游，良有以也。③况阳春召我以烟景，大块假我以文章。④会桃李之芳园，序天伦之乐事。群季俊秀，皆为惠连；吾人咏歌，独惭康乐。⑤幽赏未已，高谈转清。开琼筵以坐花，飞羽觞而醉月。⑥不有佳作，何伸雅怀？如诗不成，罚依金谷酒数。⑦

选自《李太白全集》卷二十七

注释

①桃花园：疑在今河南汝州城东北的圣王里。序：这里是指送别时『君子赠人以言』的赠序。②『夫天

地』二句：天地是万物暂时歇息的旅馆。逆旅：旅馆。逆，迎止宾客之意。『光阴者』二句：光阴是历代匆匆而去的过往宾客。③浮生：指人生。几何：多少。『古人』二句：古人手里拿着点燃的蜡烛整夜地游乐，的确是有他的道理。良：的确，确实。有以：有原因，有道理。以，因由，道理。④阳春：温暖的春天。召：呼唤。烟景：春天艳丽的景色。大块：大自然。假：借。文章：错杂的色彩。⑤会：聚会。序：述说，叙述。天伦：指兄弟，意为兄先弟后是天然的伦次。群季：诸弟。俊秀：才智出众的人。惠连：指南朝宋文学家谢惠连。惠连幼而聪明，十岁能文，为族兄谢灵运所赏识。这里以谢惠连比喻李白的诸从弟。吾人：我本人。康乐：指南朝宋诗人谢灵运。他是名将谢玄之孙，袭封康乐公，故称。谢灵运少博览群书，文章为当时之冠，好旅游，以写山水诗著名。⑥幽赏：指对幽美景色的欣赏。未已：未了，未完。高谈转清：高谈阔论转入到清谈玄妙。『开琼筵』二句：摆开美好的筵席，坐在花间，不断地举杯而醉于月下。坐花：坐在花间。飞：比喻快而急。羽觞：雀鸟形状、左右形如两翼的酒器。⑦伸：表白，申说。雅怀：指高雅的情怀。罚依金谷酒数：罚则是按照金谷园雅集时的罚酒之数三觞（shāng）来罚。金谷，指西晋富豪石崇在洛阳西北金谷涧的园圃。

吊古战场文①

李华

作者简介

李华（约715～约774），唐代散文家，诗人。字遐叔，赵州赞皇（今属河北）人。唐开元二十三年

（735）进士及第，天宝二年（743）举博学宏词科。官监察御史、右补阙。安禄山陷长安，曾受凤阁舍人官职。安史之乱平定之后，被贬为杭州司户参军。第二年，因风痹辞官，后又托病隐居山阳以终，信奉佛法。后起官至检校吏部员外郎。擅长古文，文辞华丽，其中《吊古战场文》是他最有名的一篇文章。著有《李遐叔文集》。

原文

浩浩乎！平沙无垠，夐不见人。河水萦带，群山纠纷。[2]黯兮惨悴，风悲日曛。蓬断草枯，凛若霜晨。鸟飞不下，兽铤亡群。[3]亭长告余曰：『此古战场也。尝覆三军。往往鬼哭，天阴则闻。』伤心哉！秦欤汉欤？将近代欤？[4]

吾闻夫齐魏徭戍，荆韩召募。万里奔走，连年暴露。沙草晨牧，河冰夜渡。地阔天长，不知归路。[5]寄身锋刃，腷臆谁诉？秦汉而还，多事四夷。中州耗斁，无世无之。[6]古称戎夏，不抗王师。文教失宣，武臣用奇。奇兵有异于仁义，王道迂阔而莫为。呜呼噫嘻！[7]

吾想夫北风振漠，胡兵伺便。主将骄敌，期门受战。野竖旄旗，川回组练。[8]法重心骇，威尊命贱。利镞穿骨，惊沙入面。主客相搏，山川震眩。声析江河，势崩雷电。[9]至若穷阴凝闭，凛冽海隅。积雪没胫，坚冰在须。鸷鸟休巢，征马踟蹰。[10]缯纩无温，堕指裂肤。当此苦寒，无假强胡，凭陵杀气，以相翦屠。[11]径截辎重，横攻士卒。都尉新降，将军覆没。尸踣巨港之岸，血满长城之窟。无贵无贱，同为枯骨，可胜言哉！[12]

鼓衰兮力尽，矢竭兮弦绝，白刃交兮宝刀折，两军蹙兮生死决。降矣哉，终身夷狄；战矣哉，骨暴沙

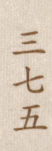

砾。⑬鸟无声兮山寂寂，夜正长兮风淅淅。魂魄结兮天沉沉，鬼神聚兮云幂幂。日光寒兮草短，月色苦兮霜白。伤心惨目，有如是耶！⑭

吾闻之：牧用赵卒，大破林胡，开地千里，遁逃匈奴。汉倾天下，财殚力痡。任人而已，其在多乎？⑮周逐猃狁，北至太原，既城朔方，全师而还。饮至策勋，和乐且闲，穆穆棣棣，君臣之间。⑯秦起长城，竟海为关，荼毒生灵，万里朱殷。汉击匈奴，虽得阴山，枕骸遍野，功不补患。⑰

苍苍蒸民，谁无父母？提携捧负，畏其不寿。⑱谁无兄弟？如足如手。谁无夫妇？如宾如友。生也何恩？杀之何咎？其存其没，家莫闻知，人或有言，将信将疑。悁悁心目，寝寐见之。⑲布奠倾觞，哭望天涯。天地为愁，草木凄悲。吊祭不至，精魂何依？⑳必有凶年，人其流离。呜呼噫嘻！时耶命耶？从古如斯，为之奈何？守在四夷。㉑

选自《李遐叔文集》卷四

注释

①据《新唐书·李华传》，李华在天宝十一载（752）调任监察御史，不久，奉诏出使朔方（治所灵州，在今宁夏灵武西南）边陲巡按军政。这篇文章应该是此时途经古战场而作。吊文：古代的一种文体名。追悼死者，致辞表示感慨。②浩浩：广大的样子。无垠（yín）：无边。夐（xiòng）：远。萦带：旋绕如带。纠纷：重叠交结。③黯（àn）：形容暗淡无光。惨悴：凄惨忧愁，形容景象萧条。曛（xūn）：指黄昏。蓬：蓬草，花白色，叶细如柳叶，子实有毛，遇风腾起为飞蓬。凛：寒冷。铤（tǐng）：快跑的样子。亡群：失去了群体。亡，失去。④亭长：官名，秦汉时十里一亭，设亭长一人，这里指地方小吏。覆：颠覆，灭亡。

三军：军队的通称。欤（yú）：语气词。将：还是。⑤齐魏：指战国时的齐国和魏国。徭戍：以戍边为劳役。荆韩：指战国时的楚国和韩国。召募（mù）：征召，招兵。暴露：在野外遭受日晒雨淋的辛苦。『沙草』二句：早晨在沙漠里寻找水草放牧，夜晚在结了冰的河面上渡过。归路：归家之路。⑥『寄身』二句：把身家性命交给了刀剑利刃，胸中的烦闷又向谁诉说呢？腷臆（bìyì）：情绪郁结。四夷：古代统治者对四方少数民族的蔑称，即指东夷、西戎、南蛮、北狄。中州：本指古代的豫州，因在九州的中心，故称中州。这里泛指黄河中游地区。耗斁（dù）：损耗，败坏。⑦戎夏：四夷和华夏。戎，西戎，这里指代四夷。王师：指朝廷的军队。文教：文治教化。奇：出人意料、变幻莫测的谋略，这里指采取不正当的诡谲之术。『奇兵』二句：运用出奇制胜的兵法不同于仁义的军队，以仁义治天下的政治主张变得迂腐空疏而实施不了。仁义：仁爱和正义。迂阔：迂远而不切实际或不合时宜。呜呼噫嘻：感叹词，表示感慨、惊讶、悲伤等复杂的强烈感情。⑧北风振漠：北风振动沙漠。伺便：侦察窥测有利的时机。期门：『期诸殿门』的缩语，原指西汉皇帝的亲兵在约定的时间『期（待命）诸殿门』以听候调遣。这里指中军帐外。旌旗：泛指旗帜。回：回旋，环绕。组练：『组甲被练』的省语，本指将士的衣甲服装，这里借指军队。⑨法重心骇：军法威严，战士惊惧。威尊命贱：因军威严峻而不得不轻贱生命。镞（zú）：指箭头。震眩：震动得令人眩目。析：分开。崩：崩裂，破开。⑩穷阴：指天阴得非常厉害。穷，极，表程度深。凝闭：指云层凝聚遮蔽。海隅：海边，沿海地区。隅，角落。胫：指小腿。须：胡须。鸷（zhì）鸟：凶猛的鸟。踟蹰（chíchú）：徘徊。⑪缯（zēng）纩（kuàng）：这里指冬装。缯，丝织品的总称；纩，丝绵。堕指：指手指头被冻坏。假：给予。凭陵：凭借，倚仗。杀气：肃杀之气，指寒气。翦屠：斩杀。⑫径：径直，直接。辎重：指军用物资。都尉：

指军中官职比将军低的军官。『尸踣(bó)』二句：尸体陈列在大港的岸边，鲜血流满了长城的窟穴。踣：陈尸。可：岂，哪。胜言：尽言，说不完。⑬衰：衰微。竭：尽。蹙(cù)：逼近，迫近。『降矣』四句：投降吧，结果是终身陷于夷狄；战斗吧，结果是尸骨暴露在沙漠。夷狄：指东夷北狄，这里泛指四方少数民族。沙砾：沙和碎石块。⑭淅淅：形容风声。幂(mì)幂：形容阴森森的样子。『日光』二句：日光惨淡草木枯短，月色凄清霜露白。伤心惨目：想到了哀伤，看到了惨痛。如是：像这样。是，如此，这样。⑮『牧用』二句：战国时赵国将领李牧统领赵国的士兵大败林胡。林胡：指古代北方少数民族匈奴的一支，亦称澹林、澹褴、儋林，战国时分布在今山西朔州北至内蒙古自治区内。李牧守雁门郡大破匈奴，降服林胡，单于逃走，十余年不敢靠近赵国边城。殚(dān)：尽，竭尽。痡(pū)：疲倦，疲惫不堪。⑯『周逐』二句：据《汉书·匈奴传》记载，周宣王时，猃狁(xiǎnyǔn)南侵，周宣王命令尹吉甫率军抗击，逐至太原，不再穷追。猃狁：古代北方少数民族名，匈奴的先祖。太原：在今甘肃固原北界，是太原戎所居之地。既城朔方：在北方筑城后。既，尽，完了；城，筑城；朔方，北方。全师：保全军队，指没有受损失。饮至：古代结盟征伐归来，合饮于宗庙，就叫『饮至』。策勋：把功劳记录在简策上。穆穆棣棣：和敬娴雅的样子。⑰『秦起』二句：秦朝兴建长城，建造的关塞直达海边。竟：边境，疆界。荼(tú)毒：残害。生灵：指百姓。朱殷：血凝固后呈黑红色。功不补患：功绩弥补不了灾祸的损失。⑱苍苍：茂盛的样子，形容众多。蒸民：众民，百姓。蒸，同『烝』。提携：牵扶，指照顾长者。捧负：手里托着，肩上背着。指照顾儿童。⑲生：使……活。咎(jiù)：过失，罪过。没：同『殁(mò)』，死亡。悁(yuān)悁心目：指想到和看到的，都是引起怨恨的事情。寝寐：卧睡，指睡梦中。⑳布奠：摆下祭品。布，摆。倾觞(shāng)：把酒洒在地上。

觞，指酒杯。吊祭：对丧家表示哀悼、慰问和祭祀。精魂：即灵魂。㉑凶年：指灾荒年。从古如斯：自古以来就是这样。守在四夷：指古代天子施行王道仁政，四方各族为天子各守其土，因此就不会有战争了。四夷，指四方的少数民族。

原道[1]

韩愈

作者简介

韩愈（768~824），唐代著名文学家。字退之，河南河阳（今河南孟县南）人，自称郡望昌黎（今北京通县东），世称“韩昌黎”。唐德宗贞元八年（792）进士。累迁监察御史，以言事贬为阳山令。赦还后，继任国子博士。后随宰相裴度平定淮西之乱，迁刑部侍郎，又因谏阻宪宗迎佛骨，贬为潮州刺史。后官至吏部侍郎，转京兆尹兼御史大夫。卒谥文，世称“韩文公”。韩愈反对六朝以来的骈偶文风，提倡散体，与柳宗元一起发起了唐代的古文运动，苏轼称他为“文起八代之衰”。其散文刚健雄肆，奥衍闳深，明代文学家茅坤将他列入“唐宋八大家”之首。著有《昌黎先生集》。

原文

博爱之谓仁，行而宜之之谓义，由是而之焉之谓道，足乎己无待于外之谓德。[2]仁与义为定名，道与德为虚位。故道有君子小人，而德有凶有吉。[3]老子之小仁义，非毁之也，其见者小也。坐井而观天，曰天小者，非天小也。彼于煦煦为仁，孑孑为义，其小之也则宜。[4]其所谓道，道其所道，非吾所谓道也；其所谓德，德其所德，非吾所谓德也。凡吾所谓道德云者，合仁与义言之也，天下之公言也；⑤老子之所谓道德云者，去仁与义言之也，一人之私言也。⑥

周道衰，孔子没，火于秦，黄、老于汉，佛于晋、魏、梁、隋之间，⑦其言道德仁义者，不入于杨，则入于墨；不入于老，则入于佛。入于彼，必出于此。入者主之，出者奴之；入者附之，出者污之。⑧噫！后之人其欲闻仁义道德之说，孰从而听之？老者曰：『孔子，吾师之弟子也。』佛者曰：『孔子，吾师之弟子也。』⑨为孔子者，习闻其说，乐其诞而自小也，亦曰『吾师亦尝师之』云尔。不惟举之于其口，而又笔之于其书。噫！后之人虽欲闻仁义道德之说，其孰从而求之？甚矣，人之好怪也！不求其端，不讯其末，惟怪之欲闻。⑩古之为民者四，今之为民者六；古之教者处其一，今之教者处其三。⑪农之家一，而食粟之家六；工之家一，而用器之家六；贾之家一，而资焉之家六。奈之何民不穷且盗也！⑫

古之时，人之害多矣。有圣人者立，然后教之以相生相养之道。为之君，为之师，驱其虫蛇禽兽而处之中土。⑬寒然后为之衣，饥然后为之食；木处而颠，土处而病也，然后为之宫室。为之工以赡其器用，为之贾以通其有无；为之医药以济其夭死；为之葬埋祭祀以长其恩爱；⑭为之礼以次其先后；为之乐以宣其湮郁；为之政以率其怠倦；为之刑以锄其强梗。⑮相欺也，为之符玺、斗斛、权衡以信之；相夺也，为之城郭甲兵以守之。害至而为之备，患生而为之防。⑯今其言曰：『圣人不死，大盗不止；掊斗折衡，而民不争。』呜呼！其亦不思而已矣！如古之无圣人，人之类灭久矣。何也？无羽毛鳞介以居寒热也，无爪牙以争食也。⑰是故君者，出令者也；臣者，行君之令而致之民者也；民者，出粟米麻丝，作器皿，通货财，以事其上者也。⑱君不出令，则失其所以为君；臣不行君之令而致之民，则失其所以为臣；民不出粟米麻丝，作器皿，通货财，以事其上，则诛。今其法曰，必弃而君臣，去而父子，禁而相生养之道，以求其所谓清净寂灭者。呜呼！其亦幸而出于三代之后，不见黜于禹、汤、文、武、周公、孔子也；其亦不幸而不出于三代之前，不见正于禹、汤、文、武、周公、孔子也。[19]

帝之与王，其号虽殊，其所以为圣一也。夏葛而冬裘，渴饮而饥食，其事虽殊，其所以为智一也。[20]今其言曰：『曷不为太古之无事？』是亦责冬之裘者曰：『曷不为葛之之易也？』责饥之食者曰：『曷不为饮之之易也？』[21]传曰：『古之欲明明德于天下者，先治其国；欲治其国者，先齐其家；欲齐其家者，先修其身；欲修其身者，先正其心；欲正其心者，先诚其意。』[22]然则古之所谓正心而诚意者，将以有为也。今也欲治其心，而外天下国家，灭其天常，子焉而不父其父，臣焉而不君其君，民焉而不事其事。[23]孔子之作《春秋》也，诸侯用夷礼则夷之，进于中国则中国之。经曰：『夷狄之有君，不如诸夏之亡。』《诗》曰：『戎狄是膺，荆舒是惩。』[24]今也举夷狄之法，而加之先王之教之上，几何其不胥而为夷也？[25]

夫所谓先王之教者，何也？博爱之谓仁，行而宜之之谓义，由是而之焉之谓道，足乎己无待于外之谓德。[26]其文《诗》、《书》、《易》、《春秋》；其法礼、乐、刑、政；其民士、农、工、贾；其位君臣、父子、师友、宾主、昆弟、夫妇；其服麻丝，其居宫室，其食粟米、果蔬、鱼肉；其为道易明，而其为教易行也。[27]是故以之为己，则顺而祥；以之为人，则爱而公；以之为心，则和而平；以之为天下国家，无所处而不当。[28]是故生则得其情，死则尽其常，郊焉而天神假，庙焉而人鬼飨。[29]曰：『斯道也，何道也？』曰：『斯吾所谓道也，非向所谓老与佛之道也。』尧以是传之舜，舜以是传之禹，禹以是传之汤，汤以是传之文、武、周公，文、武、周公传之孔子，孔子传之孟轲；轲之死，不得其传焉。[30]荀与扬也，择焉而不精，语焉而不详。由周公而上，上而为君，故其事行；由周公而下，下而为臣，故其说长。㉛然则如之何而可也？曰：『不塞不流，不止不行。人其人，火其书，庐其居，明先王之道以道之，㉜鳏寡孤独废疾者有养也，其亦庶乎其可也！』㉝

选自《昌黎先生集》卷十一

注释

①原：古代的一种文体，意为对某事物推究其本原而加以论述。原道：推究道的本原，并用今世的观点加以考察衡量。韩愈这篇文章中的『道』的本原，是指儒家的『仁义道德』，是孔子和孟子的社会政治伦理。②博爱：兼爱，广泛地爱。仁：古代一种道德观念，其核心是人与人之间的相亲相爱。『行而』句：履行仁道且适宜，叫做义。宜：适合。义：孟子发展的孔子儒家思想，指合乎正义的行为和事情。『由是』句：由此走到仁和义的境界，就是道。道：这里指孔子、孟子的社会政治伦理。『足乎己』句：自身充足不依赖外界，就是德。德：《礼记·乐记》称『德者，得也』。言事物所得，即指事物的特性，引申为人的行为规范。③定名：确定的名称，这里是说仁和义的内容是确定的，只是好的，不是坏的。虚位：这里是说道和德可以作不同的解释，它们的内容是不确定的。君子：有道德的人。小人：人格卑鄙或见识短浅的人。④老子：春秋战国时楚苦县（今河南鹿邑东）人。曾为周藏书室史官，著有《道德经》，是道家学派的创始人。小：轻视。毁：诽谤，诋毁。见：见识，见解。煦（xù）煦：和悦的样子，这里形容个人的小恩惠。孑（jié）孑：谨小慎微的样子。宜：当然。⑤『其所谓道』三句：他所讲的道，是把他的道当作道，并不是我所说的道。道其所道：前一个『道』是意动用法，以……为道，把……当作道；后一个『道』特指道家所

提倡的道。所谓：所说的。谓，说。『其所谓德』三句：他所说的德，是把他的德当作德，并不是我所说的德。道德：道和德。合：结合，合并。公言：公论。⑥去仁与义：抛弃仁和义。《老子》中有这样的句子：『失道而后德，失德而后仁，失仁而后义，失义而后礼。夫礼者，忠信之薄而乱之首』。可见老子对仁义的轻视。去，舍弃，抛弃。私言：指一家之言。⑦周道：指周王室的社会政治伦理。没：同『殁』，死亡。火于秦：指秦始皇焚书。黄、老于汉：汉初的道家学派把传说中的黄帝与老子同尊为道家始祖，当时的君臣王室都推崇黄、老学说。『佛于晋』句：佛教在魏晋南北朝到隋时流行。⑧『不入于杨』二句：指周末学术界在谈论仁义道德时，不是推崇杨朱，就是推崇墨翟。杨：指杨朱，战国时思想家，主张『重己』、『贵生』，极端的个人主义，不肯拔一毛以利天下。墨：指墨翟，主张『兼爱』、『非攻』。墨家学派代表人。『入者主之』二句：入归哪一家，就尊崇哪一家为主；离开哪一家，就轻视哪一家为奴。主：以……为主。奴：以……为奴。『入者附之』二句：入归哪一家，就附和哪一家；离开哪一家，就污蔑哪一家。⑨后之人：后人，后世的人。其：指『后之人』。孰：怎么。老者：师从老子学说的人。佛者：师从佛教学说的人。⑩不惟：不仅仅，不只是。甚：严重，过分。好怪：指喜好怪诞的心理。不求其端：不探求事情的开端。不讯其末：不讯问事情的结果。『惟怪』句：只有怪诞的，才是想听的。⑪『古之为民』句：古代的民众分为四种。《春秋穀梁传·成公元年》：『古者有四民：有士民、有商民、有农民、有工民。』『今之为民者六』句：现在的民众有六种，即士民、商民、农民、工民、僧、道。『古之教者』句：指古之教民的只有士民，故在『古之四民』中仅处『其一』。『今之教者』句：指当今教民的有士民、僧、道，故在『今之六民』中『处其三』。⑫『农之家』二句：农民在『古之四民』中只占一种，而吃粮食的有六种人。工之

家：做工的人。用器之家：使用器物的人。贾（gǔ）之家：经商的人。贾，商人。资：买东西。『奈之何』句：怎样使民众不穷困又不盗窃呢？奈……何：对……怎么办，把……怎么样。之：代指『民』，使动用法。⑬立：确立。相生相养：交互生养。中土：中原地区。⑭『木处』二句：巢居在树上容易掉下来，穴居在土窟里容易得病。处：居住，栖息。颠：坠落，跌倒。为之：为他们。之，代指民众。赡（shàn）：供给，供养。济：救济，帮助。夭死：早死。『为之葬埋』二句：为他们规定丧葬掩埋和祭祀的方法，来增长人们之间的恩爱。祭祀：古代的一种礼仪，是古人为表达对神灵、祖先或死者的敬意而设立的。长：增长。⑮次：次序，等次。乐：指礼乐，乐经。湮（yīn）郁：心中滞郁。『为之政』句：实施政令来给倦怠懒散的人做出榜样。率：给……做榜样。其：代指『民』。怠倦：怠惰疲沓。刑：刑法，法度。锄：铲除，灭除。强梗：强横梗阻。⑯『相欺』二句：人们相互欺诈，就制作出符节、玺印、斗斛、秤和尺等作为凭信。符：符节，凭证。玺：玺印，玺节（古代准许经商的凭证）。斗斛：古代的一种量器。权衡：古代用来称量物体轻重的器具。权，秤锤；衡，秤杆。『害至』二句：祸害到了就预备它，忧患发生就防范它。⑰『掊（pǒu）斗』二句：击破量斗斛的量具，折断称重的衡器，于是，民众就不会再争夺。不思而已：不加思考罢了。『无羽毛』句：人类没有羽毛鳞甲来适应严寒酷暑。爪牙：脚爪和牙齿。⑱是故：所以。出令者：发布命令的人。『行君』句：是执行君主的命令并将它传达给民众的人。致：传达。『民者』五句：民众是生产吃穿原料、制造用的器物、流通货物钱财，来侍奉居于上位的君臣的。通：流通，交换。事：服事，侍奉。⑲『君不』二句：君主不发布号令，就丧失了他所以成为君主的权力。诛：惩罚。必弃而君臣：一定要抛弃你们的君臣。而，你，你们。清净寂灭：佛教的教义。清净，指脱离一切恶行、烦恼和污垢；寂灭，即涅槃，指超脱一切，进入不生不灭的境界。三代：指夏、商、周三个朝代。见黜（chù）：被贬斥。见，表被动。禹：夏朝的开国君王。汤：商朝的开国君王。文：周武王之父，殷商时西方诸侯之长。武：周武王，周朝的开国君王。周公：周文王的儿子，周武王的兄弟，辅助周武王灭殷纣王，建立周王朝，封于鲁。武王死后，他辅佐成王摄政。孔子：儒家的创始人。相传他曾整理《诗》《书》等古代文献，修订上古史书《春秋》。见正：被纠正。⑳『帝之与王』三句：称帝和称王，名号虽然不同，但他们所以成为圣人的道理是一样的。葛：用葛布制成的衣服，夏衣。裘：皮衣。智：智慧。㉑其言：指老子之言。『曷不为太古』句：为什么不实行远古时期的无为而治呢？无事：指上古时期没有战争、灾异等。『曷不为葛』句：为什么不过穿葛衣那样简单的生活呢？㉒传：指解释儒家经典的书。这里指战国时儒家的《礼记》。『古之欲明』句：古代那些想要昭明美德于天下的人。前一个『明』意为昭明、彰明，后一个『明』字是美德的意思。齐：整治，整肃。修：修养，修行。正：整治，端正。诚：真诚，真心。㉓然则：既然如此，那么。正心：端正他的内心。诚意：真诚其意。将以有为：将要有所作为。外：置……于外。天常：天伦。父其父：把父亲当父亲。前一个『父』，把……当作父，后一个『父』，父亲。君其君：把君主当君主。事其事：从事他们该做的事。前一个『事』，意为从事，后一个『事』，事情。㉔『孔子』句：孔子写作《春秋》。『诸侯』句：诸侯如果采用夷狄的礼法，就把他们列入夷狄。『进于』句：对于进化到中原礼法的诸侯，则像对待中原先进民族一样来对待他们。中国之：以之为中国。之，以之为……，把……当作。『夷狄』二句：夷狄虽然有君长但没有礼仪，还不如中原地区虽然有某个时期没有君主但是礼义却不废。语出《论语·八佾（yì）》。『戎狄』二句：戎狄来是抗击，荆、舒来是惩戒。语出《诗经·鲁颂·閟宫》。戎狄，泛指古代西部的少数民族。是：助词，用在宾语和动词之间，起把宾语『戎狄』提到动词『膺』之前的作用，不译。膺：打击。荆、舒：古代南方小国名，泛指古代南方少数民族。㉕今也：现在。也，语气词。『而加之』句：却放到先王的政教之上。几何：要不了多久，表反问。胥：相与，都。㉖『博爱』二句：广泛地爱一切人叫仁，履行仁道并合于时宜叫义。『行而宜』句：前一个『之』字是代词，作动词宾语；后一个『之』字是结构助词，起取消句子中主谓结构独立性的作用。宜：合适，适宜。『由是』二句：由此而前进叫道，充足自身而不凭借外力叫德。由是：因此。足乎己：充足自己。乎，句中助词。待：依靠，凭借。㉗其文：指儒家讲仁义道德的文献。其，指示代词，指代『先王之教』。《诗》：指《诗经》。《书》：即《尚书》。《易》：即《易经》，也叫《周易》。《春秋》：东周时代鲁国的一部编年史，相传为孔子所编订。『其法』句：体现儒家法制的是礼仪、音乐、刑法、政教。『其民』句：它的民众是士民、农民、工民、商民。『其位』句：它的宗法位次是君臣、父子、师友、宾主、昆弟、夫妇。为道易明：作为道理，简单明了。为教易行：作为教令，简便易行。㉘『是故』句：因此，以先王之教对待自己。顺而祥：和顺而吉祥。爱而公：博爱而公正。和而平：调和而平静。『无所处』句：没有所处治的是不合适的。处：处治，施行。㉙『是故』二句：因此活着就会感受到人与人之间的情谊，死了就能够按照伦常来丧葬。常：纲常，人伦。郊：古代指都城之外、百里以内的地方。古代帝王在城郊祭祀天地等神灵。假（gé）：通『格』，到。庙：祭祀宗庙祖先。人鬼：指死去的祖先。飨（xiǎng）：指鬼神享用祭品。㉚『斯吾所谓』二句：这是我所说的道，不是前面所说的道家和佛家的道。斯：此，这。向：以往，以前。以是：凭这个。孟轲：即孟子。他继承孔子的学说，提出『仁政』口号，提倡性善说，强调『民为贵』、『君为轻』，在儒家中的地位仅次于孔子，被尊为『亚圣』。㉛荀：指荀子。也是儒家学派的代表人物。主张性恶说。扬：扬雄。西汉人，博通群籍，长于辞赋。『由周公而上』三句：从周公往上，继承道统的都是在上当君主的，所以儒道的传播能够推行。上：指前面所提的尧、舜、禹、汤、文、武等帝王。行：流行。『由周公而下』三句：从周公往下，传道的是在下当臣子的，所以儒道的学说得以长久。下：指孔子、孟子。说：学说。长：长久。㉜然则：那么。如之何：对……怎么办。之，指儒家所倡导的道。不塞不流，不止不行：大意是，对老、佛之道不加以塞止，则儒家的圣人之道就不得流行。人其人：让佛、道徒还俗为民。其书：指佛、道的书。庐其居：把佛寺道观改为民居。庐，以庐为居。『明先王』句：阐明先王的道统，用来引导教化百姓。前一个『道』意为阐明，后一个『道』意为引导。㉝『鳏（guān）寡』句：让鳏夫、寡妇、孤儿、独老、残疾的人都有所养。《孟子·梁惠王下》：『老而无妻曰鳏，老而无夫曰寡，老而无子曰独，幼而无父曰孤。』庶乎其可：差不多就可以了。庶乎，副词，表猜测或估计。其，也许，大概。

原毁[1]

韩愈

原文

古之君子，其责己也重以周，其待人也轻以约。重以周，故不怠；轻以约，故人乐为善。[2]闻古之人有舜者，其为人也，仁义人也。求其所以为舜者，责于己曰：『彼，人也；予，人也。彼能是，而我乃不能是！』早夜以思，去其不如舜者，就其如舜者。[3]闻古之人有周公者，其为人也，多才与艺人也。求其所以

狩猎人物图（局部） 元·赵雍

此图以高丽（朝鲜）国诞生之神话为画题。传说河伯之女生卵得子，名朱蒙，猿臂善射，随王出猎，箭无虚发，为王所嫉而欲杀之。蒙乘马遁去，水族助其渡河。此长卷分为三部。中部为盆地，王者与随从多着白袍，马络红缨，依苍松翠石，或骑或立。造型威武雄壮，色彩明艳动人。右部为幽静的山路，仆役抬朱蒙所射猎物。左部绘朱蒙策马渡河，回望河岸。岸边追兵望洋兴叹，无功而返。画家集工笔人物、鞍马、青绿山水于一图，功力不逊于其父赵孟頫。拖尾有明代著名文学家袁宏道长跋。

为周公者，责于己曰：『彼，人也；予，人也。彼能是，而我乃不能是！』早夜以思，去其不如周公者，就其如周公者。舜，大圣人也，后世无及焉；周公，大圣人也，后世无及焉。是人也，乃曰：『不如舜，不如周公，吾之病也。』是不亦责于身者重以周乎！④其于人也，曰：『彼，人也，能有是，是足为良人矣；能善是，是足为艺人矣。』⑤取其一不责其二，即其新不究其旧，恐恐然惟惧其人之不得为善之利。⑥一善易修也，一艺易能也。其于人也，乃曰：『能有是，是亦足矣。』曰：『能善是，是亦足矣。』是不亦待于人者轻以约乎？⑦

今之君子则不然。其责人也详，其待己也廉。详，故人难于为善；廉，故自取也少。己未有善，曰：『我善是，是亦足矣。』⑧己未有能，曰：『我能是，是亦足矣。』外以欺于人，内以欺于心，未少有得而止矣，是不亦待其身者已廉乎！⑨其于人也，曰：『彼虽能是，其人不足称也；彼虽善是，其用不足称也。』⑩举其一不计其十，究其旧不图其新，恐恐然惟惧其人之有闻也，是不亦责于人者已详乎？夫是谓不以众人待其身，而以圣人望于人，吾未见其尊己也！⑪

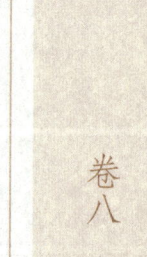

虽然，为是者有本有原，怠与忌之谓也。怠者不能修，而忌者畏人修。⑫吾尝试之矣，尝试语于众曰：『某良士，某良士。』其应者，必其人之与也；不然，则其所疏远不与同其利者也；不然，则其畏也。不若是，强者必怒于言，懦者必怒于色矣。⑬又尝语于众曰：『某非良士，某非良士。』其不应者，必其人之与也；不然，则其所疏远不与同其利者也；不然，则其畏也。不若是，强者必说于言，懦者必说于色矣。⑭是故事修而谤兴，德高而毁来。呜呼！士之处此世，而望名誉之光、道德之行，难矣！⑮

将有作于上者，得吾说而存之，其国家可几而理欤！⑯

选自《昌黎先生集》卷十一

注释

①原毁：指探求毁谤的本原。毁，毁谤。②责己：要求自己。责，则求，要求。重：甚，极。引申为严格。周：周全。待人：对待别人。轻：减少，减轻。引申为宽容。约：简要。怠：懈怠，松懈。人乐为善：人们乐于做好事。③仁义人：讲究仁和义的人。『彼，人也』六句：他是个人，我也是个人；他能这样，我难道就不能这样吗！彼：他。予：我。是：这样。乃：岂，难道。思：想，思考。就：归于，趋向。④多才与艺人：指多有才干与技能的人。是人：这些人，指古代的君子。病：过错，缺点。『是不亦』句：这不也是要求自身严格而全面吗？不亦：不也。⑤其：他，指古代的君子。于人：指对待别人。『彼，人也』四句：那个人啊，能够有这么一点儿，这就足以称得上是个贤善的人了。彼：那，那个。是：这。良：贤善。『能善是』二句：能够擅长这些方面，这也足以称得上是有技能的人了。善：擅长，善于。⑥『取其一』二句：择取人家某一方面，不去苛求别人的另一方面；亲近别人的现在，不去追究别人的过去。即：接近，

亲近。恐恐然：恐惧、担心的样子。惟：只。为善之利：做好事的益处。⑦易修：指容易做到。易能：指容易掌握。『能有是』二句：能有这些，这也够了。是：这。亦：也。轻以约：宽容又简要。⑧详：详细，周遍。廉：低廉，便宜。己未有善：指自己并没有好的地方。『我善是』二句：我做好了这件事，也就足够了。⑨外：指对外人。人：指别人。内：指对自己。心：指思想感情。少有得：指有微小的收获。『是不亦』句：这难道不是对他自己的要求也太低太少了吗？待其身：对待他自己。已：甚，太。⑩『彼虽能是』四句：那人虽然能做这个，但他的为人不值得称道；那人虽然擅长这些，但他的作用不值得称道。用：功用，作用。称：称道，颂扬。⑪『举其一』二句：提出人家的一点不足而不去考虑他的十点长处，追究人家的过去而不去考虑他的现在。闻：闻名。『是不亦』句：这难道不也是要求别人太高太全面了吗？『夫是谓』句：这叫不是用普通人的标准来要求自身。是：这。谓：叫做，称做。待其身：对待自身，指要求自己。望于人：察看别人。尊己：尊重自己。⑫虽然：虽然这样。『为是者』二句：做出这些行为是有其根源的，『怠』和『忌』两种称谓啊。本：根本。原：同『源』。不能修：指不能够自己学习。畏人修：害怕别人学习。⑬尝试：试一试。『其应者』二句：那些随声附和的，必然是那个人的同伙。应：应和。与：同盟者。不然：不是这样，否则。同其利：相同的利害关系。若是：像这样。色：指脸色。⑭强者：指强悍的人。说：同『悦』，喜欢，高兴。懦者：指懦弱的人。⑮『是故』二句：所以，事业成功，毁谤跟着产生；德行高尚，毁谤随之而来。修：修建，引申为成功。谤：毁谤。兴：兴起，产生。毁：诽谤。望：希望，盼望。名誉之光：指光耀名誉。道德之行：指履行道德。矣：语气词。⑯『将有作』三句：想有所作为而居于上位的人，听取我的说法而把它牢记在心，那国家就差不多治理好了。有作：有所作为。存：保存，引申为牢记。其：那。几：几乎，差不多。理：治理，管理。

杂说①（一）

韩愈

原文

龙嘘气成云，云固弗灵于龙也。然龙乘是气，茫洋穷乎玄间，②薄日月，伏光景，感震电，神变化，水下土，汩陵谷，云亦灵怪矣哉！③

云，龙之所能使为灵也。若龙之灵，则非云之所能使为灵也。然龙弗得云，无以神其灵矣。④失其所凭依，信不可欤？异哉！其所凭依，乃其所自为也。⑤《易》曰：『云从龙。』既曰龙，云从之矣。⑥

选自《昌黎先生集》卷十一

注释

①说：古代议论文的一种体裁。『说』这种体裁源于战国策士们的游说之词，汉代以后是解释经文的四种体裁『经、传、说、记』之一。『杂说』本指百家之说，有言论、主张之意，是介于论说和杂文之间的一种体裁。②嘘气：呼气，吐气。固：本来。弗：不。灵：神奇，灵异。乘：驾御。是气：这云气。茫洋：浩瀚，漫无边际。穷：极，尽。玄间：指宇宙。③薄：迫近，接近。伏：隐蔽，遮蔽。光景：指日光。感：通『撼』，动。震电：雷电。神：神奇。水：指降水。下土：大地。汩（gǔ）：指涌出的泉水。陵谷：指地面高低形势的变化。灵怪：灵异奇怪。④所能：所能够……的东西。使为灵：使之为灵，意即使云变成灵异；

『使』后省掉『之』字，指代云。若：像，好像。无以：不能。神其灵：显出它的灵异。神，这里意为显出神奇。⑤所凭依：所凭借……的东西。信：确实，的确。异：怪异。所自为：自身所做的。⑥《易》：即《周易》，又叫《易经》，儒家经典之一。云从龙：云跟随着龙。从之：跟从它。

杂说①（四）

韩愈

原文

世有伯乐，然后有千里马。千里马常有，而伯乐不常有。故虽有名马，只辱于奴隶人之手，骈死于槽枥之间，不以千里称也。②

马之千里者，一食或尽粟一石。食马者不知其能千里而食也。③是马也，虽有千里之能，食不饱，力不足，才美不外见，且欲与常马等不可得，安求其能千里也？④

策之不以其道，食之不能尽其材，鸣之而不能通其意，执策而临之曰：『天下无马。』呜呼！其真无马邪？其真不知马也！⑤

选自《昌黎先生集》卷十一

注释

①有人推测此文作于贞元十一年（795），当时韩愈中进士后连续三年没有通过吏部的考试而不得授官。②伯乐：春秋时秦国人孙阳，字伯乐，善相马。然后：而后，之后。千里马：指日行千里的良马。只：

仅仅，只是。辱：辱没。奴隶人：指从事杂役的奴仆。骈死：相并而死。槽枥：指马槽。称：颂扬，称颂。③一食：吃一顿，一顿饭。或：或许，大概。尽：吃完。粟：泛指粮食。一石：古代容量单位，十斗为一石。食（sì）马者：指养马的人。食，饲养，喂养。而：就，然后。④是马：这匹马。才美：指才具，才干。见：同『现』，表现。常马：平常的马，普通的马。等：相等，同样。⑤策：鞭打。不以其道：不按照它的道路走。鸣之：指马鸣叫。鸣，发声，鸣叫；之，指千里马。通：通晓，懂得。执策而临之：手拿马鞭且下看着马。呜呼：语气词。其：难道。邪：语气词，相当于『吗』。其：指示代词。

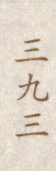

师说①

韩愈

原文

古之学者必有师。师者，所以传道受业解惑也。②人非生而知之者，孰能无惑？惑而不从师，其为惑也，终不解矣。生乎吾前，其闻道也固先乎吾，吾从而师之；生乎吾后，其闻道也亦先乎吾，吾从而师之。③吾师道也。夫庸知其年之先后生于吾乎？是故无贵无贱，无长无少，道之所存，师之所存也。④

嗟乎！师道之不传也久矣，欲人之无惑也难矣。古之圣人，其出人也远矣，犹且从师而问焉；今之众人，其下圣人也亦远矣，而耻学于师。是故圣益圣，愚益愚。⑤圣人之所以为圣，愚人之所以为愚，其皆出于此乎？

爱其子，择师而教之；于其身也，则耻师焉，惑矣。⑥彼童子之师，授之书而习其句读者也，非吾所谓传其道、解其惑者也。⑦句读之不知，惑之不解，或师焉，或不焉，小学而大遗，吾未见其明也。巫医、乐师、百工之人，不耻相师。士大夫之族，曰师曰弟子云者，则群聚而笑之。⑧问之，则曰：『彼与彼年相若也，道相似也。位卑则足羞，官盛则近谀。』呜呼！师道之不复可知矣。⑨巫医、乐师、百工之人，君子不齿。今其智乃反不能及，其可怪也欤！⑩

圣人无常师。孔子师郯子、苌弘、师襄、老聃。⑪郯子之徒，其贤不及孔子。孔子曰：『三人行，则必有我师。』是故弟子不必不如师，师不必贤于弟子。闻道有先后，术业有专攻，如是而已。⑫

李氏子蟠，年十七，好古文，六艺经传皆通习之，不拘于时，学于余。余嘉其能行古道，作《师说》以贻之。⑬

选自《昌黎先生集》卷十二

注释

①师说：阐述从师道理的一篇论说文章。②学者：古代指求学的人。传道：传授道理，这里指儒家所倡导的道，即符合儒家理念的社会政治伦理。受业：教授学习。受，同『授』，传授。解惑：解答疑惑。③生而知之：一生下来就懂道理、有知识。孰：谁。惑：疑惑。从：跟从，追随。解：理解，懂得。乎：于，在。闻道：指听说儒家之道而懂得道理。固：本来。④师道：效法学习道理。师，学习。『夫庸知』句：哪里知道他的年龄是比我大还是比我小呢？庸：哪里。其：他。是故：因此。无：无论，不论。存：存在。⑤嗟乎：感叹词，相当于『唉』。师道：从师之道，为师之道。欲：想要。出人：超出普通人。犹且：尚且。下：低于。圣益圣：圣人更加圣明。前一个『圣』指圣人，后一个『圣』为形容词，意为圣明。⑥择：

挑选，择选。于其身：对于他自身。于，对，对于。耻师：以从师为耻。耻，以……为耻。惑：大惑不解。⑦彼：那。『授之书』句：是教授孩子书本内容和学习断句练习的。书：这里指书本的知识内容。习：反复练习，复习。句读：本指文章的句和逗，即休止和停顿之处。所谓：所说的。⑧不：同『否』，指不从师学习。小学：学习小的知识（指句读）。大遗：遗失大的（事理）。巫医：古代把通过祈祷鬼神这种方式来为人治病的人称为巫医。乐师：这里指以音乐为职业的人。百工：指从事各种工艺生产的人，即各种工匠。相师：指互相学习。族：众，群。云者：如此，这般。群聚：众人围聚在一起。⑨年相若：指年龄相仿。若，如同，像。道相似：懂得的道理差不多。『位卑』二句：以地位低的人为师就感到十分羞耻，以官职高的人为师则又认为近乎谄媚。足：足够。官盛：官位盛大，指高官。谀（yú）：谄媚，用甜言蜜语奉承人。不复：不能恢复。⑩不齿：不屑启齿，指不屑与之同列、羞于与之为伍。智：聪明。乃：却。反：反而。及：比得上。其：难道，难道不是。可怪：值得称怪。可，堪，值得。欤：语气词，可译为『吗』。⑪常师：指固定不变的老师。常，固定的。郯（tán）子：春秋时郯国国君，孔子曾向他请教官名。苌（cháng）弘：周敬王时大夫，孔子曾向他请教音乐方面的问题。师襄：春秋时鲁国的乐官，孔子曾向他学习弹琴。老聃（dān）：即老子，孔子曾向他问宗法礼制。⑫郯子之徒：郯子这类人。则：就。不必：不一定。『闻道』二句：明白道理有先有后，技术艺能各有各的专门研究。术业：指学术和技艺。攻：学习，研究。如是：如此，这样。⑬六艺：指诗、书、礼、乐、易、春秋，也叫六经。经传：指六艺的经文和传文。经是六艺的原文，传是解释经的文字。通习：全部学习。通，普遍，全部。不拘于时：不为时俗所拘。时，时俗，这里指当时耻于从师的风尚。嘉：嘉奖，赞赏。古道：古代的道理，这里指古人从师的正道。贻（yí）：赠送。

进学解[1]

韩愈

原文

国子先生晨入太学，招诸生立馆下，诲之曰：『业精于勤，荒于嬉；行成于思，毁于随。[2]方今圣贤相逢，治具毕张，拔去凶邪，登崇俊良。[3]占小善者率以录，名一艺者无不庸。爬罗剔抉，刮垢磨光。[4]盖有幸而获选，孰云多而不扬？诸生业患不能精，无患有司之不明；行患不能成，无患有司之不公。[5]』

言未既，有笑于列者曰：『先生欺余哉！弟子事先生，于兹有年矣。[6]先生口不绝吟于六艺之文，手不停披于百家之编。纪事者必提其要，纂言者必钩其玄。[7]贪多务得，细大不捐。焚膏油以继晷，恒兀兀以穷年。[8]先生之业，可谓勤矣。抵排异端，攘斥佛老。补苴罅漏，张皇幽眇。寻坠绪之茫茫，独旁搜而远绍。障百川而东之，回狂澜于既倒。[9]先生之于儒，可谓有劳矣。沉浸醲郁，含英咀华，作为文章，其书满家。[10]上规姚、姒，浑浑无涯；周诰、殷盘，佶屈聱牙；[11]《春秋》谨严，《左氏》浮夸；《易》奇而法；《诗》正而葩；[12]下逮《庄》、《骚》，太史所录，子云、相如，同工异曲。[13]先生之于文，可谓闳其中而肆其外矣。少始知学，勇于敢为。长通于方，左右具宜。[14]先生之于为人，可谓成矣。然而公不见信于人，私不见助于友。跋前踬后，动辄得咎。[15]暂为御史，遂窜南夷。三年博士，冗不见治。命与仇谋，取败几时。[16]冬暖而儿号寒，年丰而妻啼饥。头童齿豁，竟死何裨。不知虑此，而反教人为？[17]』

先生曰：『吁，子来前！夫大木为杗，细木为桷，欂栌侏儒，椳闑扂楔，各得其宜，施以成室者，匠氏之工也。[18]玉札、丹砂，赤箭、青芝，牛溲、马勃，败鼓之皮，俱收并蓄，待用无遗者，医师之良也。[19]

登明选公，杂进巧拙，纡馀为妍，卓荦为杰，校短量长，惟器是适者，宰相之方也。[20]昔者孟轲好辩，孔道以明，辙环天下，卒老于行。[21]荀卿守正，大论是弘，逃谗于楚，废死兰陵。[22]是二儒者，吐辞为经，举足为法，绝类离伦，优人圣域。其遇于世何如也？[23]今先生学虽勤而不由其统，言虽多而不要其中，文虽奇而不济于用，行虽修而不显于众。[24]犹且月费俸钱，岁靡廪粟。子不知耕，妇不知织。乘马从徒，安坐而食。[25]踵常途之促促，窥陈编以盗窃。然而圣主不加诛，宰臣不见斥，兹非其幸欤？[26]动而得谤，名亦随之。投闲置散，乃分之宜。[27]若夫商财贿之有亡，计班资之崇庳，忘己量之所称，指前人之瑕疵，[28]是所谓诘匠氏之不以卡杙为楹，而訾医师以昌阳引年，欲进其豨苓也。[29]』

选自《昌黎先生集》卷十二

注释

①进学：意为勉励生徒刻苦学习，使学习有所进益。解：古代文体的一种。『解』在汉代，是解释分析经典的说明文，但到了后世，成为论说文的一种，偏于对问题的辩解剖析。本文意在解释『进学』，所谓『设辞以释意』也。②国子先生：韩愈自称。韩愈于元和元年（806）和元和七年（812）曾两任国子博士。太学：指国子监中设立的国学。诸生：指各位弟子。馆：指学舍。诲：教导。『业精于』四句：学业精进在于勤勉认真，荒废在于嬉乐游玩；德行有成在于努力思考，败坏在于随心所欲。③方今：当今，现在。圣贤：指圣君贤臣。治具：治理国家的措施、法令。毕张：完全建立。毕，全。张，张大，扩张。拔去：拔除，翦除。凶邪：凶恶邪辟之人。登崇：提拔尊崇。俊良：指才智出众、品行纯良的人。④『占小善』二句：具有一点小优点的都已经录取，称有一技之长的没有不被任用的。占：占有，具有。善：美好。率：一概，全部。以：通

『已』。名一艺：指能以治一种经书著称的人。名，称名，称说；艺，这里指经。庸：采用，录用。爬罗剔抉：发掘搜罗，挑拣选择。刮垢磨光：刮去污垢，摩擦使光亮。比喻仔细琢磨，精益求精。⑤盖：副词，表示一种约略的情况。孰：谁。不扬：不举，不被荐举。业：指学业。患：忧虑，担忧。有司：有具体职务、做具体工作的官吏，指主管官员。行：指德行。成：成功，成就。⑥未既：没有完毕。既，完了。列者：排列的人。古时横排称列，直排称行。事：侍奉，服侍。兹：这。有年：多年。⑦不绝：指口吟不断。六艺之文：指汉以后的儒家六经，即《诗》、《书》、《礼》、《乐》、《易》、《春秋》。披：翻开，翻阅。百家之编：先秦诸子百家的著作。纪事者：即记事者，指记事一类的著作。要：要领，关键。纂言者：指立论一类的著作。钩：探究。玄：玄妙，深奥精妙。⑧贪多务得：贪图多学，务求得益。细大不捐：大的小的都不抛弃，即大小兼收并蓄。捐，舍弃。『焚膏油』二句：燃烧灯油蜡烛来承继日影的光亮，长久地辛苦劳作来度过一年。膏：液态油脂。晷（guǐ）：日影，日光。恒：持久。兀兀：勤勉辛苦的样子。穷年：终年，一年。⑨抵排异端：排挤与儒家不合的学说。攘斥佛老：排斥佛和道两家的学说。补苴（jū）：补缀，缝补。罅（xià）漏：缝隙，漏洞。张皇：扩大，显扬。幽眇：幽深杳渺。坠绪：指衰亡或将要断绝的事业，这里指儒学。旁搜：广泛地搜集。旁，普遍，广泛。远绍：远远地继承。绍，接续，继承。『障百川』二句：堵住奔流的河川，引导它们东流入海；挽回倾泻的狂波，尽管它们已经泛滥。障：防，堵。回：回转。既：已，已经。倒：倾倒出来，引申为泛滥。⑩有劳：有功劳。沉浸：渗透，沾湿。醲（nóng）郁：浓郁。醲，味厚的酒。含英咀华：比喻琢磨、领会诗文的精华。英、华，都指花。作为：创作，写作。其书：创作的那些文章。⑪规：效法。姚、姒（sì）：姚是虞舜的姓，姒是夏禹的姓，因此『姚、姒』指《尚书》里的《虞书》和《夏书》。浑浑：浑厚质朴的样子。周诰：指《尚书·周书》中的《大诰》《康诰》《酒诰》《召诰》《洛诰》等篇。诰，告诫，劝勉，一般用于上对下。殷盘：指《尚书·商书》中的《盘庚》篇。佶（jí）屈聱牙：形容文字艰涩，语句拗口。⑫《春秋》：记载西周时期的编年体史书，相传是孔子据鲁史修订而成。《左氏》：鲁国左丘明为《春秋》所作的传，叫『春秋左氏传』或『左氏春秋』，这里是简称。浮夸：虚浮夸大，这里形容《左传》记事比《春秋》详赡。《易》：《周易》的简称，又称《易经》。奇：变幻莫测，奇妙。法：规范，准则。《诗》：指《诗经》，我国最早的诗歌总集，相传由孔子删整而成。葩（pā）：花。这里形容文辞华美。⑬逮：至，到。《庄》：《庄子》，道家经典。《骚》：指以屈原《离骚》为代表的辞赋文章，又叫骚体、楚辞体。太史：指西汉太史公司马迁，《史记》的作者。子云：指西汉辞赋家扬雄。相如：司马相如，西汉著名的辞赋家。同工异曲：曲调不同，演得同样精彩。这里比喻不同人的辞章造诣同样高。⑭闳其中：指文章的内容宏大博远。肆其外：指文章的外在表现形式（文辞）恣肆奔放。长（zhǎng）：长大，成年。方：道义，道理。左右具宜：指处理事情都很恰当。宜，合适。⑮成：成熟，完备。见信：被信任。见，放在动词前，表被动。见助：被帮助。跋前疐（zhì）后：比喻身陷困境，进退两难。跋，踩，踏。疐，跌倒。动辄：每每，常常。咎：获罪，遭灾。⑯『暂为』二句：指韩愈曾任监察御史，因上书论宫市之弊，触怒德宗，贬连州阳山令（在今广东）。窜：放逐。南夷：南方边远的地方。『三年』二句：做了三年的国子博士，闲散无事没有政绩。冗：闲散。『命与』二句：命运与仇敌合谋，常常遭受失败的打击。谋：合谋。⑰冬暖：指冬天温暖的阳光。头童：指头上无发。童，指山上没有草木。齿豁：指牙齿脱落，牙龈露出豁口。竟：终于。裨（bì）：补益。反：反而，反倒。为：语气词，表示疑问。⑱吁：叹词，这里表示叹息。子：泛指人。宋（máng）：房屋的大梁。桷

（juè）：方形的椽（chuán）子。欂栌：房屋斗拱，即柱顶上承托栋梁的方木。侏儒：梁上短柱。椳（wēi）：门臼，用来承托门的转轴。闑（niè）：门橛。扂（diàn）：指门闩（shuān）。楔（xiē）：门两旁的木柱。施：设置，这里指建造。成室：成为屋室。⑲玉札：植物名，即地榆，又叫玉豉，可药用。丹砂：朱砂。赤箭：又名独摇、离母、合离草、鬼督邮，其根曝干可入药。青芝：药名，又名龙芝。牛溲：牛尿。马勃：菌类植物，生在湿地及腐木上，可入药。败鼓之皮：坏鼓的皮，与牛溲、马勃同为贱药。待用无遗：等待需用，没有遗漏。良：精良。⑳登明选公：指选拔人才明察又公正。登，进用，提拔。杂：兼及。纡馀：形容婉曲多姿。妍：美好，美丽。卓荦（luò）：卓越出众。校：计量，计算。惟器是适：即『适器』，适应其才干。器，才干，本领。方：方法，这里指治理的方法。㉑孟轲：孟子，战国时邹人，继承孔子的学说，主张『民为贵』、『君为轻』的理论，倡导『性本善』说，被后世尊为『亚圣』。孔道：孔子之道。辙环天下：车辙周遍天下。环，遍，周遍。卒：终于。行：行走，这里指奔波。㉒荀卿：荀况，战国时赵人，儒家学派代表人物之一，提倡『性恶说』。守正：遵循正道。大论：高深的理论。弘：光大，扩大。逃谗于楚：指荀况游学于齐，三为稷下祭酒，因受谗言毁谤离开齐国到楚国去。废死兰陵：荀况到楚国后，春申君任他为兰陵（在今山东苍山县西南）令，后来便在此地安家，死后葬在兰陵。废，罢官居家。㉓是：这。吐辞：发表言论或写作文章。经：经典。举足：抬脚，这里指行为。法：法则，准则。绝类离伦：指超越同类的儒者。绝，超越；伦，同类，同辈。优：优胜，优良，这里指高明。圣域：圣人的领域和境界。遇于世：遭遇世道。何如：怎么样。㉔由：听命，遵循。统：道统。要：要求，追求。中（zhòng）：射中目标，指中于理。济于用：得益于实用。修：修养，修行。㉕犹且：尚且。靡：通『縻』，浪费。廪（lǐn）粟：指贮藏的粮食。从徒：随从的人。安坐：安稳地坐着。㉖『踵常途』句：遵循常规道路谨慎地前行。踵：跟随。常途：日常走的路。促促：拘谨小心的样子。『窥陈编』句：在旧书籍中剽窃前人陈言而没有新见解。窥：偷看，偷窥。陈编：指旧书，编是古代用来穿联竹简的皮条或绳子。盗窃：偷盗，私取。诛：谴责。宰臣：宰相大臣。见斥：被屏弃，这里指被罢官。兹：这。幸：幸运。㉗谤：毁谤，恶意地攻击别人。随：随从，跟随。投闲置散：放置在闲散的位置。分：名分。宜：应该，应当。㉘『若夫』句：至于说到商讨财货利市的有无。若夫：至于，至于说到。商：谋算。财贿：财货，俸禄。『计班资』句：考虑官位资格的高贵卑下。计：考虑，谋划。班：官位。资：资格。崇：高。庳（bēi）：同『卑』，卑下，低下。『忘己量』句：忘了自己才能高低所相称的地方。量：分量，限量。称（chèn）：相称。瑕疵：指小缺点。这里指不公不明。㉙『是所谓』句：这就是人们所说的责备木匠师傅不用小木桩做柱子。杙（yì）：指木桩。楹（yíng）：指房屋的柱子。訾（zǐ）：指责，诋毁。昌阳：菖蒲的别名，又名白菖、泥菖蒲，生于水边，有香气，根入药。古人认为此药可延年益寿。引年：延年。进：进献，进用。豨（xī）苓：即猪苓，药草名，寄生在槠（zhū）等植物的根部，皮黑作块状似猪粪，当时为贱药，认为无益于延年。

讳辩①

韩愈

原文

愈与李贺书，劝贺举进士。贺举进士有名，与贺争名者毁之，曰：『贺父名晋肃，贺不举进士为是，劝之举者为非。』②听者不察也，和而倡之，同然一辞。皇甫湜曰：『若不明白，子与贺且得罪。』愈曰：『然。』③

律曰：『二名不偏讳。』释之者曰：『谓若言「征」不称「在」，言「在」不称「征」是也。』④律曰：『不讳嫌名。』释之者曰：『谓若「禹」与「雨」、「丘」与「蓲」之类是也。』⑤今贺父名晋肃，贺举进士，为犯二名律乎？为犯嫌名律乎？父名晋肃，子不得举进士；若父名『仁』，子不得为人乎？⑥

夫讳始于何时？作法制以教天下者，非周公、孔子欤？周公作诗不讳，孔子不偏讳二名，《春秋》不讥不讳嫌名。⑦康王钊之孙，实为昭王。曾参之父名皙，曾子不讳『昔』。⑧周之时有骐期，汉之时有杜度，此其子宜如何讳？将讳其嫌，遂讳其姓乎？将不讳其嫌者乎？⑨汉讳武帝名『彻』为『通』，不闻又讳车辙之『辙』为某字也；讳吕后名『雉』为『野鸡』，不闻又讳治天下之『治』为某字也。⑩今上章及诏，不闻讳『浒』、『势』、『秉』、『机』也。惟宦官宫妾，乃不敢言『谕』及『机』，以为触犯。⑪士君子立言行事，宜何所法守也？今考之于经，质之于律，稽之以国家之典，贺举进士为可邪？为不可邪？⑫

凡事父母，得如曾参，可以无讥矣。作人得如周公、孔子，亦可以止矣。⑬今世之士，不务行曾参、周公、孔子之行；而讳亲之名，则务胜于曾参、周公、孔子，亦见其惑也！⑭夫周公、孔子、曾参卒不可胜，胜周公、孔子、曾参，乃比于宦官宫妾，则是宦官宫妾之孝于其亲，贤于周公、孔子、曾参者邪？⑮

选自《昌黎先生集》卷十二

注释

①讳：避忌的意思。按照古代礼法，对君主或尊亲的名字不能直接称说或书写，必须回避，或改用其他

字来代替，这叫做『避讳』。辩：古代一种文体名，驳斥反面的观点就叫『辩』。本文是就中唐著名诗人李贺因父名的避讳问题不得参加进士考试进行反驳，是一篇著名的驳论文。②李贺（790～816）：字长吉，唐代著名诗人。因父亲李晋肃的名字『晋肃』与『进士』音相近避讳，李贺不得应进士考试。举进士：被推举去参加进士科考试。唐代科举取士，由地方举荐送京城考试，被举荐去应试的人同称举人。举，推举。有名：有名声。毁：诽谤。是：正确。③不察：不详查细究。和：附和。倡：倡和，附和呼应。同然一辞：指相同的说法。皇甫湜（shí）：中唐文学家，曾从韩愈学习古文。若：假如，如果。明白：清楚。且：将要。然：是的。④律：指《唐律》。二名不偏讳：指名字中的两个字与所避讳的字相同或相近，不必对两个字都避讳。偏，同『遍』。见《礼记·曲礼上》。释之者：解释它的人，这里指《唐律疏议》，是对《唐律》条文所作的解释。『谓若』二句：汉代郑玄在注释《礼记》时说：『孔子之母名征在，言「在」不称「征」，言「征」不称「在」』。《论语·八佾》篇记载孔子说过『宋不足征也』；《论语·卫灵公》篇记载孔子说过『某在斯』。孔子并不偏讳孔母『征在』二字。⑤不讳嫌名：说话时，与人的名字声音相近的字不避讳。嫌名，有称名之嫌。见《礼记·曲礼上》。『谓若』句：郑玄《礼记》注有『嫌名，谓音声相近。若「禹」（夏禹）与「雨」、「丘」（孔子名）与「区」也。』⑥犯：冒犯，触犯。二名律：指称说两个字的名字时，不必对两个字都避讳的礼法规定。嫌名律：指和人的名字声音相近的字不必避讳的礼法规定。若：假如。⑦作法制：制定礼法制度。作，制定。周公：周武王之弟，名旦，他是周朝的开国大臣，据传周朝的礼乐制度都是由他制定的。周公作诗不讳：《诗经·周颂》中的《噫嘻》篇和《雍》篇相传为周公所作。《噫嘻》篇有『克昌厥后』句，《雍》篇有『骏发尔私』句，诗句中的『昌』为周文王的名字，『发』是周武王

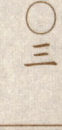

的名字，周公并未避讳。『孔子』句：孔子对母亲名字中的两个字并不同时都避讳。『《春秋》』句：《春秋》对不避称名之嫌的现象也不加讥讽。⑧『康王』二句：周康王名钊，他的孙子其实被谥为昭王。『曾参』二句：曾参的父亲名晳，曾子并不避讳说『昔』字。⑨骐（qí）期：人名，春秋时楚国人。杜度：东汉时人，章帝时为齐王相。将：如果。嫌：指称名之嫌。遂：于是，就。将：还是。⑩『汉讳』二句：汉代避汉武帝的名字『彻』的讳，而把它改为『通』字，但没有听说再避车辙的『辙』字讳，而把它改成其他字啊。『讳吕后』二句：避吕皇后名『雉』字的讳，而把它改为『野鸡』；但没有听说再讳避治天下的『治』字，而把它改为其他字啊。吕后：汉高祖后吕雉（zhì），汉人因避吕雉讳，改称『雉』为『野鸡』。⑪上章：指臣下向君主上奏章。诏：皇帝的命令或文告。『不闻』句：没有听说避讳『浒』、『势』、『秉』、『机』这些字啊。上面四个字分别与唐高祖的父亲李虎、太宗李世民、世族李昞、玄宗李隆基名字中的『虎』、『世』、『昞』、『基』同音。『惟宦官』二句：只有那些太监、宫妃，才不敢说到『谕』和『机』等字。谕：与唐代宗李豫的名字同音。⑫士君子：旧指有志操和学问的人。立言行事：指说话、著书和做事。宜：应该，应当。何所法守：所遵循的是什么样的礼法呢？质：质证，对证。律：指《唐律》。稽：考查，核查。典：法典。贺：指李贺。⑬事：侍奉。讥：指责，非议。止：停留，引申为达到了顶点。⑭务：追求。行：前一个『行』意为做、实践；后一个『行』意为行为、行为规范。讳亲之名：指在避讳父母亲名字方面。惑：糊涂的意思。⑮卒：最终，终于。胜：胜过，超过。乃：竟，竟然。比于：比之于，与之相比。则是：就是，便是。孝于其亲：孝敬他们的尊亲。贤于：『比……为贤』。

争臣论[1]

韩愈

原文

或问谏议大夫阳城于愈：『可以为有道之士乎哉？学广而闻多，不求闻于人也。[2]行古人之道，居于晋之鄙，晋之鄙人薰其德而善良者几千人。大臣闻而荐之，天子以为谏议大夫。[3]人皆以为华，阳子不色喜。居于位五年矣，视其德如在野。彼岂以富贵移易其心哉？[4]』愈应之曰：『是《易》所谓「恒其德贞，而夫子凶」者也。恶得为有道之士乎哉？[5]在《易·蛊》之上九云：「不事王侯，高尚其事。」《蹇》之六二则曰：「王臣蹇蹇，匪躬之故。」[6]夫亦以所居之时不一，而所蹈之德不同也？若《蛊》之上九，居无用之地，而致匪躬之节；[7]以《蹇》之六二，在王臣之位，而高不事之心；则冒进之患生，旷官之刺兴，志不可则，而尤不终无也。[8]今阳子在位不为不久矣，闻天下之得失不为不熟矣，天子待之不为不加矣，而未尝一言及于政。视政之得失，若越人视秦人之肥瘠，忽焉不加喜戚于其心。[9]问其官，则曰谏议也；问其禄，则曰下大夫之秩也；问其政，则曰我不知也。有道之士，固如是乎哉？[10]且吾闻之：有官守者，不得其职则去；有言责者，不得其言则去。今阳子以为得其言乎哉？得其言而不言，与不得其言而不去，无一可者也。[11]阳子将为禄仕乎？古之人有云：「仕不为贫，而有时乎为贫。」谓禄仕者也。宜乎辞尊而居卑，辞富而居贫，若抱关击柝者可也。[12]盖孔子尝为委吏矣，尝为乘田矣，亦不敢旷其职，必曰「会计当而已矣」，必曰「牛羊遂而已矣」。[13]若阳子之秩禄，不为卑且贫，章章明矣，而如此，其可乎哉？[14]』

或曰：『否，非若此也。夫阳子恶讪上者，恶为人臣招其君之过而以为名者。故虽谏且议，使人不得

而知焉。[15]《书》曰：「尔有嘉谟嘉猷，则入告尔后于内，尔乃顺之于外，曰：斯谟斯猷，惟我后之德。」夫阳子之用心，亦若此者。[16]』愈应之曰：『若阳子之用心如此，滋所谓惑者矣。入则谏其君，出不使人知者，大臣宰相者之事，非阳子之所宜行也。夫阳子，本以布衣隐于蓬蒿之下，主上嘉其行谊，擢在此位。[17]官以谏为名，诚宜有以奉其职，使四方后代知朝廷有直言骨鲠之臣，天子有不僭赏、从谏如流之美。[18]庶岩穴之士闻而慕之，束带结发，愿进于阙下而伸其辞说，致吾君于尧舜，熙鸿号于无穷也。[19]若《书》所谓，则大臣宰相之事，非阳子之所宜行也。且阳子之心，将使君人者恶闻其过乎？是启之也。[20]』

或曰：『阳子之不求闻而人闻之，不求用而君用之，不得已而起，守其道而不变，何子过之深也？[21]』

愈曰：『自古圣人贤士皆非有求于闻用也，闵其时之不平、人之不乂，得其道，不敢独善其身，而必以兼济天下也，孜孜矻矻，死而后已。[22]故禹过家门不入，孔席不暇暖，而墨突不得黔。彼二圣一贤者，岂不知自安佚之为乐哉？诚畏天命而悲人穷也。[23]夫天授人以贤圣才能，岂使自有馀而已？诚欲以补其不足者也。耳目之于身也，耳司闻而目司见，听其是非，视其险易，然后身得安焉。[24]圣贤者，时人之耳目也；时人者，圣贤之身也。且阳子之不贤，则将役于贤以奉其上矣；若果贤，则固畏天命而闵人穷也。恶得以自暇逸乎哉？[25]』

或曰：『吾闻君子不欲加诸人，而恶讦以为直者。若吾子之论，直则直矣，无乃伤于德而费于辞乎？[26]好尽言以招人过，国武子之所以见杀于齐也，吾子其亦闻乎？[27]』愈曰：『君子居其位，则思死其官；未得位，则思修其辞以明其道。我将以明道也，非以为直而加人也。且国武子不能得善人而好尽言于乱国，是以见杀。[28]《传》曰：「惟善人能受尽言。」谓其闻而能改之也。子告我曰：「阳子可以为有道之士也。」今虽不能及已，阳子将不得为善人乎哉？㉙』

选自《昌黎先生集》卷十四

注释

①争臣：指能向皇帝诤谏的臣子。韩愈曾在贞元二年（786）在诗中称赞当时隐居山林的阳城。贞元八年（792），阳城出山担任谏官已有五年，但未见其有所作为。韩愈写下此文以作讽喻。②或：有人。谏议大夫：官名，职掌侍从规谏，隶属门下省。阳城（736～805）：字亢宗，北平（今河北完县）人。原隐居山西南部的中条山，贞元四年（788），唐德宗召为谏议大夫。在任期间，多不闻一般事务。及贞元十一年（795），德宗将处分宰相陆贽（zhì）而任用裴贤龄时，阳城拼死极谏，受到贬谪。可以：可以用来。有道之士：有道德和才艺的人。闻：闻名，著称。③古人之道：古人的道义准则。晋之鄙：晋地的边境。鄙，边远的地方。薰：通『熏』，熏染，比喻风气影响。大臣：指李泌。④华：显贵，尊贵。色喜：神色喜悦。在野：指不在官。移易：改变，变化。⑤愈：指韩愈。应：回答。『是《易》』句：这就是《易经》所说的『永远保持一种道德操守』，『对男人来说并不是好事』。引文见《易经·恒》卦。是：此，这。恒：永久，永远。德贞：指操行准则。夫子：古代对男子的尊称。恶（wū）：怎么。⑥上九：《易经》术语。《易经》共六十四卦，每卦六爻（yáo），每爻有爻题和爻辞。爻题为两字，其中一字表示爻的性质，阳爻为『九』，阴爻为『六』；另一字表示爻的次序，六爻的次序自下而上分别为初、二、三、四、五、上。『上九』，即爻题，这里指《蛊》卦自下而上第六个爻，即最上面的爻，为阳爻。『不事』二句：不侍奉王侯大人，保持自己的品行高尚。《蹇（jiǎn）》：指《易经》中的《蹇》卦。六二：指《蹇》卦中自下而上

第二爻，为阴爻。『王臣』二句：君王的臣子进尽忠言，不是为了个人自身的缘故。蹇蹇：忠贞。匪：通『非』。躬：自身，自己。⑦『夫亦以』二句：那不也是因为所处的时间场合不一样，所践行的准则也不一样吗？亦：也。蹈：遵循，遵守。居无用之地：指处于没被任用的地位。致匪躬之节：指把不属于自己的节操、气节加在身上。致，把……加在身上。节，气节，节操。⑧『在王臣』二句：处在臣子的职位上，却把不侍奉王侯的心当作高尚的事。而：却。高：以……为高，把……当作高尚的事。患：祸患，灾难。旷官：不能胜任职务。旷，荒废。刺：指责，讽刺。则：这里是效法的意思。尤：错误，罪过。不终无：不会最终没有，即最终会有（过失）。⑨不为：不算是。加：多，优厚。政：政事。越人：指周朝时居住在南方江浙闽粤等地的越族人。秦人：指周朝时居住在今陕西中部和甘肃南部一带秦国的人。肥瘠：肥瘦。忽：忽视，不重视。加：增加。喜戚：喜悦与忧伤。戚，悲伤。⑩谏议：即谏议大夫。禄：俸禄。下大夫：唐代谏议大夫为正五品，年俸二百石，品级相当于秦汉时的下大夫。秩：官阶，品级。固：难道。如是：应当这样。⑪『有官守』二句：有官位职守的人，不能履行他的职责就应该把他辞退。见《孟子·公孙丑下》。官守：居官守职。言责：指言论责任。阳子：阳城。子，古代对男子的尊称。不去：指不离开官位。去，离开。可：适宜，适合。⑫『阳子』句：阳子难道是因为俸禄才做官的吗？禄仕：为俸禄而做官。『仕不』二句：出仕做官不是由于贫穷，但有时却是因为贫穷。谓：指称，意指。宜：应该，应当。辞尊：推辞尊位。居卑：就任低职。若：如同，好像。抱关：守门人。关，指门闩（shuān）。击柝（tuò）：指巡夜敲击报更的木梆，这里指巡夜人。⑬尝：曾，曾经。委吏：古代管理仓库的小吏。乘田：主管畜牧的小吏。旷：荒废，耽误。会计：管理计算财务的出纳。当：适应，与之相称。这里指清算准确无误。而已：罢了。这里指完成任务。

遂：成长。⑭秩禄：指官阶和俸禄。不为：不算是。章章：明显。而：却。其：难道。⑮否：不，不是。若此：像这样。恶（wù）：憎恨，厌恶。讪（shàn）上：讥谤君主。招（qiáo）：本义为举起，引申为揭发、检举。以为：以之为，把这作为。故：因此。⑯《书》：《尚书》。嘉谟嘉猷（yóu）：好的谋略和计划。谟、猷，谋略。尔后：你们的君主。尔，你，你的，你们的。后，君主。『斯谟』二句：这样好的谋略和计划，是我们君王美德的体现。⑰滋：更，更加。惑者：糊涂人。所宜行：所应该做的。行，做，实施。布衣：代指平民。蓬（péng）蒿：飞蓬与蒿草。泛指草野，僻野。行谊：品行，道义。擢（zhuó）：提拔，选拔。⑱『诚宜』句：的确应该有所谏议，来履行他的职责。诚：确实，的确。宜：应该，应当。有以：有所，有……条件，有……办法。奉：供奉，指履行职责。四方：泛指天下各地。直言骨鲠之臣：指刚直劝谏的大臣。骨鲠，如鱼骨鲠喉，不吐不快，比喻正直。不僭（jiàn）赏：不滥赐奖赏。僭，过分。从谏如流：接受直言劝谏，就像水从高处顺流而下。⑲庶：多。岩穴之士：指隐士。束带结发：整饰衣冠，系上腰带，束起头发。阙下：帝王宫阙之下。伸：表白，申说。辞说：言论主张。『致吾君』二句：使得我们的君主取代尧舜那样的圣君，让伟大的名声光辉照耀无穷尽。熙：光明。鸿号：指伟大的名声。鸿，大。⑳宜行：所应该做的事。心：心思，想法。君人者：指人君、国君或皇帝。恶：厌恶。过：过错，过失。启：开导，启发。㉑闻：闻名。用：指任用，做官。起：应聘，出仕。道：道义，正道。子过：您的责怪。过，责备，责怪。㉒闻用：指名声和官职。闵（mǐn）：忧虑，担忧。不乂（yì）：不安定，不平安。『不敢』二句：语本《孟子·尽心上》的『穷则独善其身，达则兼善天下』。独善其身：原指保持个人的操守，后指只顾自己，不管别人。兼济：同时救济。兼，兼及，同时。孜（zī）孜矻（kū）矻：形容勤勉辛苦的样子。死而后已：到死之后才停息。指尽献一切力量。已，停止，止息。㉓『故禹』句：传说上古时，禹率领众人治理洪水，十三年中三次经过自己的家门，却没有进去过一次。『孔席』二句：语本东汉班固《答宾戏》『孔席不暖，墨突不黔』。形容孔子和墨子为了行道，周游列国，不安居于一处。孔：指孔子。席：坐席。墨：墨翟，即墨子。突：指烟囱。黔：黑色。二圣：指夏禹和孔子。一贤：指墨子。安佚：安逸舒服。诚：确实。畏天命：敬畏上天的旨意。悲人穷：哀怜人民的困厄。㉔授：授给，授予。贤圣：贤人和圣人。才能：才智和能力。有馀：这里指才能有余。司：掌管。『听其』二句：听到关于自身的是非道理，看到自身所面临的险易形势。其：这里是第一人称『自己』。身：自身。安：安定。㉕时人：当时的人。耳目：即听力和视力。且：如果，假如。役：役使，驱使。若果：假若，如果。固：本来。恶得：怎么能够。恶，哪里，怎么。暇逸：悠闲安逸。㉖君子不欲加诸人：语本《论语·公冶长》。意思是说君子不愿把自己的意见强加到别人头上。加，凌驾，强加。诸，之于。恶讦（jié）以为直：语本《论语·阳货》。意思是说憎恶那种把攻击别人当做正直的人。吾子：对对方的客气称呼。无乃：恐怕是……吧，表揣测、估计。伤于德：有伤于德，即损害德行。费于辞：浪费口舌。㉗『好（hào）尽言』二句：语本《国语·周语下》。周单襄公曾告诫齐国之卿国武子，『立于淫乱之间，而好尽言以招人之过，怨之本也』。后来，国武子因直言指责齐灵公之母与人私通之事，被齐灵公所杀。好：喜好。尽言：把意思全部讲出来。尽，全，都。招：揭发，举发。过：过错，过失。见：被。其：也许，大概。㉘死其官：指以身殉于官职。修其辞：修饰他的文辞。明其道：阐明他的道理。加人：凌驾别人。善人：指品行善良的人。尽言于乱国：指在政治混乱的国家毫无保留地说话。是以：因而，因此。㉙《传》：『传』是对『经』的解释。汉以后，把《左传》作为解释《春秋》的一部传，《国语》有《春秋外传》之称。『惟善人』句：只有德行善良的人才能够接受无所保留的批评。见《国语·周语下》。受：承受，接受。谓：叫做。可以：可能。今：现在。及已：达到。将：岂，难道。

送孟东野序[1]

韩愈

原文

大凡物不得其平则鸣。草木之无声，风挠之鸣。水之无声，风荡之鸣。其跃也或激之，其趋也或梗之，其沸也或炙之。[2]金石之无声，或击之鸣。人之于言也亦然，有不得已者而后言，其歌也有思，其哭也有怀。[3]凡出乎口而为声者，其皆有弗平者乎！乐也者，郁于中而泄于外者也，择其善鸣者而假之鸣。[4]金、石、丝、竹、匏、土、革、木八者，物之善鸣者也。维天之于时也亦然，择其善鸣者而假之鸣。[5]是故以鸟鸣春，以雷鸣夏，以虫鸣秋，以风鸣冬。四时之相推夺，其必有不得其平者乎？[6]

其于人也亦然。人声之精者为言，文辞之于言，又其精也，尤择其善鸣者而假之鸣。[7]其在唐、虞，咎陶、禹其善鸣者也，而假以鸣。[8]夔弗能以文辞鸣，又自假于《韶》以鸣。夏之时，五子以其歌鸣。伊尹鸣殷。周公鸣周。[9]凡载于《诗》、《书》六艺，皆鸣之善者也。周之衰，孔子之徒鸣之，其声大而远。[10]传曰：『天将以夫子为木铎。』其弗信矣乎？[11]其末也，庄周以其荒唐之辞鸣。楚，大国也，其亡也，以屈原鸣。[12]臧孙辰、孟轲、荀卿，以道鸣者也。[13]杨朱、墨翟、管夷吾、晏婴、老聃、申不害、韩非、慎到、田骈、邹衍、尸佼、孙武、张仪、苏秦之属，皆以其术鸣。[14]秦之兴，李斯鸣之。汉之时，司马迁、相如、扬

秀野轩图　元·朱德润

图绘秀野轩之景色。远山映带，山峦起伏连绵，气势高旷；山溪之滨，滩渚疏林，有屋子一座，室内主客二人对坐，是为秀野轩。用笔疏秀，墨色苍润清逸，设色淡雅，为朱德润传世名作。图后自题秀野轩长跋，末署款『至正二十四年四月十日，睢阳山人时年七十有一，朱德润画并记』（图为局部）。

雄，最其善鸣者也。⑮其下魏、晋氏，鸣者不及于古，然亦未尝绝也。就其善者，其声清以浮，其节数以急，其辞淫以哀，其志弛以肆，其为言也，乱杂而无章。⑯将天丑其德莫之顾邪？何为乎不鸣其善鸣者也？⑰

唐之有天下，陈子昂、苏源明、元结、李白、杜甫、李观，皆以其所能鸣。⑱其存而在下者，孟郊东野，始以其诗鸣。其高出魏、晋，不懈而及于古，其他浸淫乎汉氏矣。⑲从吾游者，李翱、张籍其尤也。三子者之鸣信善矣。⑳抑不知天将和其声，而使鸣国家之盛邪？抑将穷饿其身，思愁其心肠，而使自鸣其不幸邪？㉑三子者之命，则悬乎天矣。其在上也，奚以喜？其在下也，奚以悲？㉒东野之役于江南也，有若不释然者，故吾道其命于天者以解之。㉓

选自《昌黎先生集》卷十九

注释

①孟东野：即孟郊（751~814），字东野，唐代诗人，一生清贫孤直，作诗刻意苦吟，与韩愈并称『韩孟』。序：『序』与『引』都是赠序类的体裁。六朝以来，饯别作诗，往往为之有序，以明诗的由来。此风习至唐尤甚。唐初赠别诗文往往以序为名，为

的是朋友远行，临别赠言，说几句安慰、勉励的话。赠序有别于书籍评介内容的序跋之『序』。②『大凡』句：大抵说来，事物受到不平就要喊叫。挠（náo）：扰乱。荡：摇动。『其跃也』句：语本《孟子·告子上》的『今夫水，搏而跃之，可使过颡（sǎng）；激而行之，可使在山』。跃：跳。或：或许。激：阻遏水势。趋：奔赴，这里指湍急。梗：阻塞，抵御。沸：滚开的水。炙：烤。这里指烧煮。③金石：指钟磬之类的乐器。或：有人。不得已者：指不得不说的话。思：思慕，怀念。怀：伤感，哀怜。④而：就，便。弗平：不平。乐：音乐。『郁于中』二句：在心中郁结而抒发在外的情感，人们选择那些善于发声的东西，借助它们来奏鸣。郁：忧愁，蕴结。泄：发泄，发散。假之：借助它。假，借助。⑤金、石、丝、竹、匏（páo）、土、革、木：金指钟、鼎之类的金属乐器；石指石磬之类的乐器；丝指琴、瑟、琵琶等弦乐器；竹指笛、箫之类的乐器；匏指笙、竽之类的乐器；土指缶、埙之类的乐器；革指鼓类乐器；木指木制的乐器如柷（zhù）敔（yǔ）等。『维天』句：自然界在时令季候方面也是如此。维：句首语气词，无实义。天：指自然界。时：时令节候。亦然：也是如此，也是这样。⑥是故：所以，因此。四时：指春夏秋冬四个季节。推夺：推移，转移。夺，使之改变。其：它，指『四时』。⑦其：这，指上文所述的道理。于人：对于人。人声：人类的声音。言：泛指言语。文辞：指加以修饰的语言，也指文章的语言。尤：尤其，特别。择：挑选，选择。⑧唐、虞：传说中上古帝王尧和舜的国号，习惯称唐尧、虞舜。咎陶：传说中舜时主管司法的臣子咎繇（yáo）和皋陶。禹：夏禹，又名大禹，夏朝的开国君主。⑨夔（kuí）：相传为尧舜时的乐官。《韶》：韶乐，传说为舜所作。以：连词，来。五子：指夏王太康的五个弟弟。伊尹鸣殷：伊尹，是商汤之妻陪嫁的奴隶。他辅佐商汤讨伐夏桀，被尊为阿衡（宰相），辅政多年。殷，商王朝在盘庚时迁都于殷，因此，商也称殷。周公鸣周：周公是周武王姬发的弟弟，周朝的开国大臣，相传礼乐制度都是由他制定的。

⑩凡：大凡。《诗》：指《诗经》。《书》：指《尚书》。六艺：又称六经，指《诗》、《书》、《礼》、《乐》、《易》、《春秋》。孔子之徒：孔子的弟子。相传孔子有弟子三千，其中贤者七十二人。

⑪传：原指阐释经义的文字，这里指孔子的《论语》。『天将以』句：意为上天将让孔子作为传布大道的铃。语本《论语·八佾（Ⅵ）》。夫子：孔子的弟子对孔子的尊称。木铎：古代的乐器名，形如大铃，振舌发声，木舌叫木铎，宣布政令时就用它。其：这。弗信：不真实可信。

⑫其：它，指周朝。末：末年，末期。『庄周』句：庄周以他汪洋恣肆的文辞来抒发。庄周：即庄子，春秋时期的思想家，道家的代表人物，主张清净无为。荒唐：广大，漫无边际。楚：周王朝的诸侯国，战国七雄之一。屈原：战国时楚人，名平字原。初辅佐楚怀王，任左徒，后为三闾大夫，主张修明法令，选贤任能，东联齐国，西抗强秦，遭到贵族忌恨，受谗去职，顷襄王时被放逐，长期流浪于湘、沅流域。公元前278年，秦军攻破郢都，遂投汨罗江而死。

⑬臧孙辰：春秋时鲁国大夫臧文仲。孟轲：即孟子，战国前期儒家的代表人物，被后世尊为『亚圣』。荀卿：名况，卿是对他的尊称。他是战国后期儒家大师，著有《荀子》。道：道理，规律，指普遍的真理。

⑭杨朱：战国初哲学家，相传他主张『贵生』、『为我』，其学说当时影响很大。其片断思想资料散见于《孟子》、《庄子》、《韩非子》、《吕氏春秋》等书中。墨翟：春秋战国之际的思想家，墨家学派的创始人，其学说可见于《墨子》一书。管夷吾：即管仲，春秋时政治家，曾辅佐齐桓公建立霸业，其学说可见于《管子》一书中。晏婴：春秋时政治家，曾任齐景公相，其言论可见于《晏子春秋》中。老聃：即老子，春秋时思想家，道家学派创始人，著有《老子》。申不害：战国时韩昭侯相，主张『术』治，认为君主应该独揽大权，

监督考核臣下，使其尽忠尽职，著有《申子》。韩非：战国后期韩国公子，法家的代表人物，著有《韩非子》。慎到：战国时赵国人，强调『势』治，把君主的权势看作行法的力量，有《慎子》辑本。田骈：也作陈骈，战国时齐人，言黄老道德之术，主张『齐生死，等古今』，著有《田子》。邹衍：战国时齐人，阴阳家，曾著《邹子》，今已佚。尸佼（jiǎo）：战国时鲁人，杂家，曾为商鞅师，著有《尸子》，今存辑本。孙武：战国时齐人，著名军事家，著有《孙子兵法》。张仪：战国时纵横家，曾为秦相，主张秦齐、秦楚『连横』，以抗拒六国。苏秦：战国时纵横家，曾为燕、赵、韩、魏、齐、楚六国相，主张六国合纵抗秦。属：类。术：学术。韩愈把儒家学说称为『道』，道是大道，即普遍真理；其他诸子的学说和儒家相比，只能称一家之言的『术』。⑮李斯：秦王朝的开国大臣，曾任秦始皇、秦二世的相。司马迁：西汉史官，著有《史记》。相如：司马相如，西汉辞赋家，代表作为《子虚赋》、《上林赋》。扬雄：西汉辞赋家、学者，著有《甘泉赋》、《羽猎赋》、《法言》、《太玄》等。『最其』句：大概是最善于表达的人。其：大概，也许。⑯魏、晋氏：指汉以后的魏晋时期。未尝：从来没有，从不。绝：绝尽，断绝。就：求。清以浮：轻清而浮荡。节：音节。数以急：繁密而迫促。数，过多。辞：辞藻。淫以哀：靡丽而感伤。淫，特指辞藻过于华丽。志：志向，心意。弛以肆：颓废而放荡。弛，放纵，引申为颓废。为言：指语言表达。章：条理，规则。⑰『将天』句：一定是上天认为这时代的道德风尚丑恶而不加照看吧。将：必定，一定。丑其德：以这样的道德风尚为丑。丑，以……为丑。顾：看，视。引申为照看。『何为』句：为何不让那些善于表达的人来抒发呢？何为：为什么。不鸣：不表达，不抒发。其善鸣者：那些善于表达的人。其，那些。⑱陈子昂：初唐著名诗人，字伯玉，其诗质朴刚健，有《陈伯玉集》。苏源明：唐天宝年间文学家。元结：唐代文

学家，其诗浅近，富于现实性，其散文是韩愈、柳宗元古文运动的先驱。李观：中唐时期散文家，其文学主张大致与韩愈相近。能：指才能。⑲存而在下者：现存在世而地位低下的人。存，指现在存世的人。孟郊东野：孟郊，中唐后期诗人，东野是他的字，其诗以苦吟著称，与贾岛诗有『郊寒岛瘦』之称。『不懈』句：努力锻炼而达到上古的水平。浸淫：水的渗透，引申为逐渐接近。汉氏：指汉代人的诗歌。⑳李翱：韩愈门人，著名古文家，被清代储欣列为『唐宋十大家』之一，有《李文公集》。张籍：韩愈门人，唐代诗人，有《张司业集》传世。尤：优异，杰出。三子者：指孟郊、李翱、张籍三人。信：确实。善：美好。㉑抑：不过，但。和：唱和，附和。国家之盛：指国家的昌盛。抑：或者，还是。将：打算，想要。穷饿：穷困饥饿。思愁：心思愁苦。思，使动用法，『使……思』。自鸣：自己吟咏。㉒命：命运。悬：吊挂，引申为被掌握。其：代词，他，他们。在上：处于高位。奚：何。在下：处在下位。㉓东野：指孟郊。役于江南：当时孟郊为溧阳（今属江苏常州）尉，唐代溧阳属江南道，故韩愈称其『役于江南』。役，供职做官。若：如同，好像。释然：疑虑消除的样子。道：说，谈论。其：这，这些。命于天者：命运在天的道理。以：连词，可译为『来』。解：消释，宽解。

送李愿归盘谷序①

韩愈

原文

太行之阳有盘谷。盘谷之间，泉甘而土肥，草木藂茂，居民鲜少。②或曰：『谓其环两山之间，故曰盘。』或曰：『是谷也，宅幽而势阻，隐者之所盘旋。』友人李愿居之。③愿之言曰：『人之称大丈夫者，我知之矣。利泽施于人，名声昭于时。④坐于庙朝，进退百官，而佐天子出令。其在外，则树旗旄，罗弓矢，武夫前呵，从者塞途；供给之人，各执其物，夹道而疾驰。⑤喜有赏，怒有刑。才畯满前，道古今而誉盛德，入耳而不烦。⑥曲眉丰颊，清声而便体，秀外而惠中，飘轻裾，翳长袖，粉白黛绿者，列屋而闲居，妒宠而负恃，争妍而取怜。⑦大丈夫之遇知于天子，用力于当世者之所为也。吾非恶此而逃之，是有命焉，不可幸而致也。⑧穷居而野处，升高而望远，坐茂树以终日，濯清泉以自洁。采于山，美可茹；钓于水，鲜可食。⑨起居无时，惟适之安。与其有誉于前，孰若无毁于其后；⑩与其有乐于身，孰若无忧于其心。车服不维，刀锯不加，理乱不知，黜陟不闻。大丈夫不遇于时者之所为也，我则行之。⑪伺候于公卿之门，奔走于形势之途，足将进而趑趄，口将言而嗫嚅，处污秽而不羞，触刑辟而诛戮，侥幸于万一，老死而后止者，其于为人，贤不肖何如也？⑫』

昌黎韩愈闻其言而壮之，与之酒而为之歌曰：⑬

盘之中，维子之宫；盘之土，维子之稼。盘之泉，可濯可沿；盘之阻，谁争子所？⑭窈而深，廓其有容；缭而曲，如往而复。嗟盘之乐兮，乐且无央。虎豹远迹兮，蛟龙遁藏；鬼神守护兮，呵禁不祥。⑮饮且食兮寿而康，无不足兮奚所望！膏吾车兮秣吾马，从子于盘兮，终吾生以徜徉。⑯

选自《昌黎先生集》卷十九

注释

①李愿：陇西人，生平不详。②太行：太行山脉，南北横亘在山西和河南、河北之间。阳：古代指山的

南面，水的北面。盘谷：地名，在今河南济源北，因地形屈曲，环绕于两山之间，故名盘谷。李愿曾在此隐居读书。蘩（cóng）：同『丛』字，丛生，聚集。鲜：少。③或：有人。谓：指称，意指。环：环绕，围绕。宅幽：居处幽静。势阻：地势险要。盘旋：盘桓，逗留不进的样子。④愿之言：李愿的话。『人之称』二句：人们所称为大丈夫的人，我是知道的了。利泽：利益润泽。名声：名气声望。昭：显著。⑤庙朝：宗庙、朝廷。进退：指擢升与贬黜。树旗旄（máo）：唐时，外任官以节度使为重。初授日，节度使要备办乌尾、涂抹兵器，到兵部辞行，接受皇帝所赐双旌（竿头缀有牦牛尾、下有彩色羽毛为饰的一种旗子）双节（符节）。罗：排列，分布。呵：喝道。塞途：堵塞道路。供给：供应给予。⑥才畯：指才能卓越的人。畯，同『俊』。道：说，谈论。誉：称誉，赞美。盛德：大德。盛，大。⑦曲眉：弯眉。丰颊（jiá）：丰满的面颊。清声而便体：形容清亮的歌声和轻盈的体态。秀外而惠中：外貌秀美而且资质聪颖。裾：泛指衣襟。翳（yì）：遮蔽，掩映。粉白黛绿：指脸上涂着白粉，眉毛描着黛色。列屋：众屋毗连罗列。妒宠而负恃：妒忌别的妃妾得到宠爱，而且自负仗恃其美貌。取怜：博取怜爱。⑧『大丈夫』二句：这是被皇帝宠爱赏识的大丈夫施展抱负于当世的所作所为啊。大丈夫：指有志气、有作为的人。遇知：宠遇被赏识。当世：当代。恶（wù）：厌恶，憎恶。逃：躲避，回避。幸：侥幸，偶然有所得益或意外免除祸患。致：得到。⑨穷居而野处：指幽居在林野。穷，荒僻。终日：整日，整天。濯：洗涤。茹：吃。⑩起居无时：指起居作息没有一定的时间。惟适之安：安适，指只求舒适安逸。『与其』二句：与其当面受到赞誉，不如背后不被毁谤。有誉：指听到赞誉。孰若：哪里知道……。⑪有乐于身：指身体享受快乐。『孰若』句：哪里比得上心中没有忧虑。车服：车驾与章服（以图文为等级标志的礼服）。维：系。刀锯：指刑具。理乱：治与乱。

因避唐高宗李治讳，用『理』来代替『治』。黜陟：指进退人才。黜，指贬官；陟，指升官。不遇于时者：指不为当世所知遇的人。行：做，实施。⑫形势：指权力地位，相当于『权势』。趑趄（zījū）：欲行又止，犹豫不前。嗫嚅（nièrú）：欲言又止。刑辟：刑法，刑罚。诛戮：杀戮。『侥幸』二句：抱着万分之一的侥幸心理，直到老死才罢休。为人：指做人的道理。贤：有德行有才能。不肖：不才，不贤。⑬昌黎：韩愈的自称。壮：以……为壮。⑭盘之中：指盘谷中。维：只是，仅仅。稼：本指播种五谷，这里指种谷的地方。沿：缘水而下的水边。阻：险阻。子所：你的住处。⑮窈（yǎo）：幽深的样子。廓（kuò）其有容：指盘谷幽深广阔，无所不有。廓，广阔。缭：缠绕，回旋。如往而复：像是走了过去又返了回来。出自《易经·泰卦》『无往不复』。嗟（jiē）：这里指赞叹。无央：无穷无尽。呵禁：呵斥，禁止。⑯寿而康：长寿且健康。奚：何。所望：所奢望的。膏车：用油脂涂车轴来使它润滑。秣马：用粮秣把马喂饱。从子：跟随你。徜徉（chángyáng）：逍遥，安闲自在。

《张中丞传》后叙①

韩愈

原文

元和二年四月十三日夜，愈与吴郡张籍阅家中旧书，得李翰所为《张巡传》。翰以文章自名，为此传颇详密。②然尚恨有阙者：不为许远立传，又不载雷万春事首尾。③

远虽材若不及巡者，开门纳巡，位本在巡上，授之柄而处其下，无所疑忌，竟与巡俱守死，成功名。④

城陷而虏，与巡死先后异耳。两家子弟材智下，不能通知二父志，以为巡死而远就虏，疑畏死而辞服于贼。[5]远诚畏死，何苦守尺寸之地，食其所爱之肉，以与贼抗而不降乎？[6]当其围守时，外无蚍蜉蚁子之援，所欲忠者，国与主耳，而贼语以国亡主灭。[7]远见救援不至，而贼来益众，必以其言为信。外无待而犹死守，人相食且尽，虽愚人亦能数日而知死处矣。远之不畏死亦明矣！[8]乌有城坏，其徒俱死，独蒙愧耻求活？虽至愚者不忍为。呜呼，而谓远之贤而为之邪？[9]说者又谓，远与巡分城而守，城之陷，自远所分始，以此诟远。此又与儿童之见无异。[10]人之将死，其脏腑必有先受其病者；引绳而绝之，其绝必有处。观者见其然，从而尤之，其亦不达于理矣。[11]小人之好议论，不乐成人之美，如是哉！如巡、远之所成就如此卓卓犹不得免，其他则又何说！[12]

当二公之初守也，宁能知人之卒不救，弃城而逆遁？[13]苟此不能守，虽避之他处何益？及其无救而且穷也，将其创残饿羸之馀，虽欲去，必不达。[14]二公之贤，其讲之精矣！守一城，捍天下，以千百就尽之卒，战百万日滋之师，蔽遮江淮，沮遏其势，天下之不亡，其谁之功也！[15]当是时，弃城而图存者，不可一二数；擅强兵坐而观者，相环也。[16]不追议此，而责二公以死守，亦见其自比于逆乱，设淫辞而助之攻也。[17]

愈尝从事于汴、徐二府，屡道于两府间，亲祭于其所谓双庙者。[18]其老人往往说巡、远时事云：南霁云之乞救于贺兰也，贺兰嫉巡、远之声威功绩出己上，不肯出师救。[19]爱霁云之勇且壮，不听其语，强留之，具食与乐，延霁云坐。霁云慷慨语曰：『云来时，睢阳之人不食月馀日矣。云虽欲独食，义不忍；虽食，且不下咽。』[20]因拔所佩刀断一指，血淋漓，以示贺兰。一座大惊，皆感激为云泣下。云知贺兰终无为云出师意，即驰去。将出城，抽矢射佛寺浮图，矢著其上砖半箭。曰：『吾归破贼，必灭贺兰，此矢所以志也。』

[21]愈贞元中过泗州，船上人犹指以相语。城陷，贼以刃胁降巡，巡不屈，即牵去，将斩之。[22]又降霁云，云未应。巡呼云曰：『南八，男儿死耳，不可为不义屈！』云笑曰：『欲将以有为也。公有言，云敢不死！』即不屈。[23]

张籍曰：有于嵩者，少依于巡。及巡起事，嵩常在围中。[24]籍大历中于和州乌江县见嵩。嵩时年六十馀矣。以巡初尝得临涣县尉。[25]好学，无所不读。籍时尚小，粗问巡、远事，不能细也。云巡长七尺馀，须髯若神。尝见嵩读《汉书》，谓嵩曰：『何为久读此？』嵩曰：『未熟也。』[26]巡曰：『吾于书读不过三遍，终身不忘也。』因诵嵩所读书，尽卷，不错一字。嵩惊，以为巡偶熟此卷，因乱抽他帙以试，无不尽然。[27]嵩又取架上诸书试以问巡，巡应口诵无疑。嵩从巡久，亦不见巡常读书也。为文章，操纸笔立书，未尝起草。[28]初守睢阳时，士卒仅万人，城中居人户亦且数万，巡因一见问姓名，其后无不识者。巡怒，须髯辄张。及城陷，贼缚巡等数十人坐，且将戮。巡起旋，其众见巡起，或起，或泣。巡曰：『汝勿怖。死，命也。』[29]众泣，不能仰视。巡就戮时，颜色不乱，阳阳如平常。远，宽厚长者，貌如其心。与巡同年生，月日后于巡，呼巡为兄。死时年四十九。[30]

嵩贞元初死于亳、宋间。或传嵩有田在亳、宋间，武人夺而有之，嵩将诣州讼理，为所杀。嵩无子。张籍云。[31]

选自《昌黎先生集》卷十三

注释

①张中丞：指张巡，邓州（今属河南）人。开元末（741）进士。『安史之乱』中，张巡本是真源（今

河南鹿邑）令，安史叛军进入河南后，张巡起兵在雍丘（今河南杞县）、宁陵（今属河南）一带抗敌。至德二载（757）正月，睢阳太守许远向张巡告急，张巡领兵杀进睢阳，与许远同守睢阳（今河南商丘），直至壮烈牺牲。唐肃宗诏拜御史中丞、河南节度副使，故称张中丞。张巡在守睢阳城的战斗中粮尽弹绝，被贼所杀。后有人反诬其降贼。当时客居睢阳的李翰亲见其事迹，遂撰《张中丞传》，上唐肃宗。②元和二年：指公元807年。愈：韩愈。吴郡张籍：张籍，中唐诗人，韩愈的学生。和州乌江（今安徽和县）人，原籍吴郡（今江苏苏州），故称。李翰：字子羽，赵州赞皇（今河北元氏）人。自名：自许，自负。此传：指《张中丞传》一文。③然：可是。阙：缺少，遗漏。许远：杭州盐官（今浙江海宁）人，安史之乱时，官睢阳太守。雷万春：张巡的部将，性格坚毅。首尾：指事情的头尾。④远：指许远。材：能力。若：如同，好像。开门纳巡：指打开城门接纳张巡。位：官位。授之柄：指交给张巡指挥权柄。竟：到……终了的时候。成功名：成就功业和名节。⑤城陷而虏：指睢阳城陷落，张巡、许远等被虏。至德二年（757）十月，睢阳城陷，安史叛将安庆绪的部将尹子奇斩张巡、南霁云、雷万春等三十六人，许远被押往洛阳以邀功。及安庆绪败，许远被害于偃师。异：指时间不一。材智下：指才能不高。通知：全面了解。『以为』句：认为张巡被杀而许远被俘。就虏：就地被俘。疑：怀疑。畏死：怕死。辞服：请降。⑥诚：如果，果真。尺寸之地：形容睢阳城小。『食其』句：据《资治通鉴》记载，尹子奇久围睢阳，城中食尽，『罗雀掘鼠，雀鼠又尽；巡出爱妾，杀以食士；远亦杀其奴。然后括（搜刮）城中妇人食之，继以男子老弱』。以：用。而：并且。⑦其：代词，他，他们。指守城的人。围守：指在围困中坚守。蚍蜉（pífú）：黑色的大蚂蚁。蚁子：小蚁。国：这里指国都。主：君主。『而贼语』句：而叛军恰恰是用国家已经灭亡、皇帝也死了这些话来招降。⑧远：指许远。『外无待』句：指外面已经没有可期待的援军，却还要拼死坚守。尽：这里指吃完。数日：计算着日期。死处：指死的处所。明：显明，清楚。⑨乌：何，哪里。其徒：那班守城的人。蒙：遭受，承受。愧耻：羞愧耻辱。虽：即使。至愚者：最愚笨的人。至，最。不忍为：不愿这样做。忍，愿意。呜呼：叹词，表示感慨。『而谓』句：这么说许远这样贤明的人反倒会这样做吗？该句的前一个『而』意为这样，这；后一个『而』表转折。⑩『说者』四句：当时守城时，张巡守东北，许守西南。城破时，是先从许远所守部分打开缺口的。说者：指当时议论这件事的朝臣们。分：指分守。诟（gòu）：责骂。⑪脏腑：指人体的内脏。引：拉。绝：指拉断。处：指断处。然：这样。从：跟随，跟从。尤：抱怨，指责。『其亦』句：这也是不合乎道理的。⑫小人：指品行卑鄙或见识短浅的人。成人之美：成全别人的好事。如是：这样。卓卓：特异。犹：尚且。何说：怎么说。⑬二公：指张巡和许远。宁：难道。卒：到底。逆遁：指预先逃走。逆，预先。⑭苟：假使，假如。『及其』句：等到守城的将士没有救援而且极度困窘的时候。其，他们，指守城的人们。『将其』句：把其中剩下的受伤、残废、饥饿、瘦弱的士兵组织起来。将：把。其：其中的。创残饿羸（léi）：指受伤、残废、饥饿、瘦弱。馀：剩余。虽：即使。⑮其：他们，指张巡和许远。讲之精：考虑得精密周全。『守一城』二句：守住睢阳一座城，便会保住江淮乃至全国。就尽之卒：指快要死尽的士卒。日滋之师：指一天比一天增多的叛军。蔽遮：掩蔽，遮挡。沮遏（jǔ è）：阻止。其谁之功：这是谁的功劳。⑯当是时：在这个时候。图存者：指图谋活命的人。一二：逐一。擅：占有，独有。坐而观：坐视并旁观，指不救助。相环：指驻扎在睢阳城四周的军队。⑰追议：追究非议。责：责备。自比于逆乱：将自己依附到叛军方面。比，依附。淫辞：指歪曲事实的谬论。⑱从事：指办理公事。屡道：几次经过。屡，多次。道，途经，经过。双庙：张巡、许远死后，唐肃宗追赠张巡为扬州大都督，许远为荆州大都督，立庙睢阳，岁时祭祀，号『双庙』。⑲其：那，那里。南霁（jì）云：魏州顿丘（今河南清丰西南）人，少为人操舟，安禄山乱，南霁云随巨野尉张沼起兵讨贼，拔以为将，为尚衡前锋，后至睢阳，为张巡部将。贺兰：指御史中丞、河南节度使贺兰进明。声威：名声和威望。⑳强：勉力，竭力。具：操办，置办。乐：指音乐。延：邀请。云：南霁云自称。睢阳之人：指睢阳城中守城的人们。义：指合乎正义的行为和事情。虽：即使。且：但是，却。㉑一座：满座。感激：感到激动。驰去：驾马疾驰离开。矢：箭。浮图：指佛塔。『矢著』句：箭射入塔身砖上有半箭深。所以：所用来。志：标记。㉒贞元中：唐德宗李适年号（785~804）。泗州：治所在今江苏泗洪东南。刃：刀刃。胁降：胁迫投降。牵：捆缚。将：将要，快要。㉓降：劝降。南八：即南霁云，在兄弟中排行第八。屈：屈服。将以：必定按照。有为：有所作为。即：随即。不屈：指不屈而死。㉔依：跟随。起事：指起兵讨贼。围中：指睢阳城内。㉕大历中：唐代宗李豫的年号（766~779）。和州乌江县：即今安徽和县东北乌江浦。以：因为。尝：曾经。临涣县：在今安徽省宿县西南临涣集。㉖粗：大略，略略。云：这里指于嵩说。长：身长。须髯（rán）：胡须的总称。尝：曾经。何为：为什么。熟：熟练。㉗诵：朗读。尽卷：这里指背完一卷书。他帙（zhì）：指另外的一卷。帙，书套，借指书。无不尽然：没有不是这样的，即都是这样。㉘应：对应，回应。口诵无疑：指应声背诵，毫不迟疑。从：跟随。为：作，写。『操纸笔』二句：拿起纸笔一挥而就，没有打草稿。㉙因：凭着。辄：常常。缚：捆，捆绑。戮（lù）：杀人。起旋：起身小便。怖：恐怖，害怕。㉚就戮：指被杀害时。颜色：指脸色。阳阳：安详的样子。宽厚长者：指性情宽厚的人。㉛嵩：指于嵩。亳（bó）：今安徽亳州。宋：宋州，即睢阳，今河南商丘。或传：有人传说。或，有人。武人：将帅。诣(yì)：往，到。讼理：即诉讼。为：被。张籍云：这都是张籍所说的。云，说。

祭十二郎文①

韩愈

原文

年月日，季父愈闻汝丧之七日，乃能衔哀致诚，使建中远具时羞之奠，告汝十二郎之灵。②

呜呼！吾少孤，及长，不省所怙，惟兄嫂是依。中年兄殁南方，吾与汝俱幼，从嫂归葬河阳。③既，又与汝就食江南，零丁孤苦，未尝一日相离也。④吾上有三兄，皆不幸早世。承先人后者，在孙惟汝，在子惟吾，两世一身，形单影只。⑤嫂尝抚汝指吾而言曰：『韩氏两世，惟此而已！』汝时尤小，当不复记忆。吾时虽能记忆，亦未知其言之悲也！⑥

吾年十九，始来京城。其后四年，而归视汝。又四年，吾往河阳省坟墓，遇汝从嫂丧来葬。又二年，吾佐董丞相幕于汴州，汝来省吾。止一岁，请归取其孥。⑦明年丞相薨，吾去汴州，汝不果来。是年，吾佐戎徐州，使取汝者始行，吾又罢去，汝又不果来。⑧吾念汝从于东，东亦客也，不可以久。图久远者，莫如西归，将成家而致汝。⑨呜呼！孰谓汝遽去吾而殁乎？吾与汝俱少年，以为虽暂相别，终当久相与处，故舍汝而旅食京师，以求斗斛之禄。⑩诚知其如此，虽万乘之公相，吾不以一日辍汝而就也！⑪

去年孟东野往，吾书与汝曰：『吾年未四十，而视茫茫，而发苍苍，而齿牙动摇。⑫念诸父与诸兄，皆康强而早世；如吾之衰者，其能久存乎？[13]吾不可去，汝不肯来，恐旦暮死，而汝抱无涯之戚也。』孰谓少者殁而长者存，强者夭而病者全乎？[14]呜呼！其信然邪？其梦邪？其传之者非其真邪？信也，吾兄之盛德，而夭其嗣乎？[15]汝之纯明，而不克蒙其泽乎？少者、强者而夭殁，长者、衰者而存全乎？[16]未可以为信也。梦也？传之非其真也？东野之书，耿兰之报，何为而在吾侧也？[17]呜呼！其信然矣！吾兄之盛德，而夭其嗣矣，汝之纯明宜业其家者，不克蒙其泽矣！[18]所谓天者诚难测，而神者诚难明矣！所谓理者不可推，而寿者不可知矣！[19]虽然，吾自今年来，苍苍者或化而为白矣，动摇者或脱而落矣。毛血日益衰，志气日益微，几何不从汝而死也。[20]死而有知，其几何离；其无知，悲不几时，而不悲者无穷期矣！汝之子始十岁，吾之子始五岁，少而强者不可保，如此孩提者又可冀其成立邪？呜呼哀哉！呜呼哀哉！[21]

汝去年书云：『比得软脚病，往往而剧。』吾曰：『是疾也，江南之人常常有之。』未始以为忧也。呜呼！其竟以此而殒其生乎？抑别有疾而致斯极乎？[22]汝之书，六月十七日也。东野云，汝殁以六月二日；耿兰之报无月日。盖东野之使者不知问家人以日月；如耿兰之报，不知当言月日。[23]东野与吾书，乃问使者，使者妄称以应之耳。其然乎？其不然乎？[24]

今吾使建中祭汝，吊汝之孤与汝之乳母。彼有食可守以待终丧，则待终丧而取以来；如不能守以终丧，则遂取以来。[25]其馀奴婢，并令守汝丧。吾力能改葬，终葬汝于先人之兆，然后惟其所愿。[26]

呜呼！汝病吾不知时，汝殁吾不知日；生不能相养以共居，殁不能抚汝以尽哀，敛不凭其棺，窆不临其穴。[27]吾行负神明，而使汝夭，不孝不慈，而不得与汝相养以生，相守以死。一在天之涯，一在地之角。生，而影不与吾形相依；死，而魂不与吾梦相接。吾实为之，其又何尤？[28]彼苍者天，曷其有极！自今以往，吾其无意于人世矣！当求数顷之田于伊、颍之上，以待馀年。㉙教吾子与汝子，幸其成；长吾女与汝女，待其嫁，如此而已。呜呼！言有穷而情不可终。汝其知也邪？其不知也邪？呜呼哀哉！尚飨。㉚

选自《昌黎先生集》卷二十三

注释

①祭文：祭本指祭神，以后兼作哀悼之用。这篇祭文作于贞元十九年（803）韩愈在京都长安任监察御史任上。『十二郎』指韩愈的侄儿韩老成。韩愈的长兄名会，次兄名介，老成本来是韩介的儿子，出嗣给韩会。韩愈年幼丧父，由长兄韩会夫妇抚养，与韩老成从小生活在一起，叔侄之间感情非常好。韩老成在族中排行十二，故称十二郎。『郎』为唐代对年轻男子的通称。②年月日：北宋李防等编的《文苑英华》此处作『贞元十九年五月二十六日』。季父：最小的叔父。乃：才。衔哀致诚：以悲哀的心情向死者表达诚意。建中：人名，韩愈家的仆人。远具：在远处置办。时羞之奠：时鲜美味的祭品。羞，『馐』的本字，指鲜美的食物；奠，祭品。灵：指死者的灵魂。③吾少孤：我很小时父亲便死了。韩愈的父亲韩仲卿死于大历五年（770）。省：知。怙（hù）：依靠。丧父叫『失怙』。惟兄嫂是依：依靠兄嫂。兄殁南方：长兄死在南方。汝：指韩老成。从：跟随，跟从。河阳：在今河南孟州西，韩愈祖坟所在地。④既：不久。就食江南：韩氏有别业在宣州（今属安徽），建中二年（781），中原兵患不断，韩愈与韩老成随嫂移家前往。零丁：形容孤零零。未尝：从来没有，从不。⑤三兄：指韩会、韩介和韩愈的另一个早死的哥哥。早世：早死。『承先人』三句：继承死后先人的后代中，在孙子辈中只有你，在儿子辈中只有我。先人：指自己已死的父亲韩仲卿那辈人。两世一身：指两代人中只剩我一个人。⑥抚汝指吾：用手抚摩着你指着我。而已：罢

了。当：应当，应该。不复：不再。⑦而归：才回家。省：探望。从：随着。嫂丧：韩愈的嫂子郑氏死于贞元九年（793）。佐董丞相：董丞相，指董晋。贞元十二年（796）七月，董晋以检校尚书左仆射、同中书门下平章事出任宣武军节度使，汴、宋、亳、颍等州观察使，韩愈在他属下任节度推官。唐代同中书门下平章事，意为同中书、门下的长官共同商处国事，职责相当于宰相。汴州：宣武节度使驻地，治所在今河南开封。止：居住，止息。一岁：即一年。『请归』句：你要求回去接家属来。请：请求，要求。取：提取，这里引申为安顿、接取。其：你的。孥：指妻子儿女。⑧丞相薨（hōng）：董晋死了。薨，周朝诸侯死叫薨，唐代三品以上大官死也叫薨。去：离开。不果：没有实现，指没来成。佐戎徐州：贞元十五年（799）秋，宁武节度使张建封任韩愈为节度推官。佐戎，辅助军事工作。徐州，宁武军节度使驻地，今属江苏。使：指派遣的人。取汝者：指接你的人。罢去：指韩愈被罢官离去。⑨『吾念汝』二句：我的想法是你跟着我来东方，但东方也是客地啊。念：念头，想法。从：跟随，跟着。客：旅居他乡。图：考虑，计划。西归：河阳在徐州的西方，故说『西归』。『将成家』句：我打算把家里安顿好后就去接你。将：打算，准备。成家：完成搬家。致：招致，招来。⑩呜呼：叹词，表示感慨。『孰谓』句：谁知道你竟会仓促地离开我而去世了呢？孰：谁。谓：这里用如『奈』、『如』。遽（jù）：迅速，快速。旅食京师：韩愈离开徐州后，于贞元十六年（800）冬至长安选官，无所成而归；次年冬再往，至贞元十八年（802）春始被授四门博士，第二年迁监察御史。斗斛（hú）之禄：形容俸禄微薄。斛，古代以十斗为一斛。⑪诚：如果，果真。万乘：战国时称地方千里的大国为万乘之国，意思是打仗可出兵车万乘；这里以『万乘』形容俸禄最大。公相：泛指朝廷中的高级官员。辍（chuò）汝而就：丢下你而去就任。辍，舍弃，丢弃。就，就职，赴任。⑫去年：指贞元十八年（802）。孟东野：即孟郊。孟郊同时由长安选官，出仕溧阳（今属江苏）尉。年未四十：年纪还没到四十。贞元十八年，韩愈年三十五岁。而：却，但是。视茫茫：指视力模糊不清。发苍苍：鬓发斑白。动摇：摇动，不稳定。⑬诸父：伯父、叔父的统称。诸兄：指族中的兄长。康强：健康强壮。其：岂，难道。久存：长久地存活。⑭旦暮：指时间短。无涯之戚：无限的忧伤。戚，悲伤，忧伤。『孰谓』二句：谁知道年少的去世了而年长的还存活着，强壮的早死了，而病弱的反而得以保全呢？⑮其：指示代词，这，那。信然：果然是这样。『其传之』句：那传来的消息难道不真实吗？信：果真。盛德：大德。盛，大。夭其嗣：夭折他的嗣子。⑯纯明：淳朴明智。不克：不能够。克，能，能够。蒙其泽：蒙受他的恩泽。夭殁：早死。存全：生存保全。⑰未可以：不可能。为信：指当真，确实发生。传：指传来的消息。非其真：不是真实的。书：书信。耿兰：韩家在宣州别业中的仆人。报：报告，告知。何为：为什么。而：就。⑱『汝之』二句：你的淳朴聪明理应成就家业，却不能承蒙恩泽！宜：应该。业：创立功业，使成就事业。这里指继承先人的事业。不克：不能够。⑲天者：上天，指命运。难测：难以预测。神：神灵。难明：难以清楚明白。理：事理。推：推断，推求。寿：寿命，寿限。知：知晓。⑳虽然：尽管这样。苍苍：形容鬓发斑白。或：有的。化：变化，改变。动摇者：形容齿牙松动。毛血：头发和血色。志气：志向和气量。几何：表示反问『没有多久』。㉑离：分离。无穷期：没有终极的期限。『汝之子』句：韩志成有二子，长子叫韩湘，次子叫韩滂。韩滂出嗣老成兄韩百川子。这里『始十岁』指韩湘。『吾之子』句：韩愈长子韩昶（chǎng），贞元十五年（799）生于徐州的符离（今属江苏），小名叫符。孩提：开始会笑的幼儿。冀：希冀，希望。成立：成长自立。呜呼哀哉：祭文中常用词，表示哀叹。㉒比：近来。软脚病：指脚气病。往往：常常。

剧：严重，厉害。未始：不曾。其：难道。殒其生：丧失你的生命。殒，丧失。抑：或者，还是。致：招致，招来。斯：这。㉓殁：死亡。盖：大概因为的意思。使者：指派去办事的仆人。当言：应该告诉。㉔『东野』二句：孟郊给我写信时，就问派去的人。书：信。乃：就。妄称：随意称述。应：回答。然：这样。㉕建中：韩愈的仆人。孤：这里指韩老成的子女。乳母：奶妈。彼：他们，这里指『孤』与『乳母』。终丧：父丧三年期满后脱掉孝服就叫『终丧』。『则待』句：那就等到丧期服满，再接他们到我这里来。取：指接取。遂：立即。㉖并：一起。『吾力能』二句：在我有能力给你迁葬时，最终会把你葬在先人墓地的旁侧。改葬：指迁葬。终：最终。兆：指墓地的界限。『然后』句：在此之后，按她们（指其余奴婢）所希望的去满足她们。㉗相养以共居：生活在一起互相照顾。抚汝以尽哀：抚摸你的遗体来充分表达我的哀思。敛：通『殓』。为死者更衣叫小敛，将尸体入棺叫大殓。凭：倚着，靠着。这里指凭吊。窆（biǎn）：落葬，下棺入土。穴：指墓穴。㉘行：行为，行动。负：愧。神明：天地间神的总称。相养以生：相互照顾一起生活。相守以死：相互厮守直到死去。『生，而影』句：意为在世的时候，你的身影不和我的形体相依相偎。『死，而魂』句：死后你的灵魂也不和我在梦中相聚。实：实在。为之：造成这种结果。其：代指这种后果。尤：抱怨，指责。㉙曷其有极：悲痛哪里会有尽头啊！曷，同『何』，哪里，怎么；其，用在代词『曷』后，可不译出；极，极点，尽头。『吾其』句：我对人世间的事情再也无心去考虑了。无意：指无心，没有心思。伊、颍：伊水、颍水，都在河南，距韩愈故乡河阳都不远，又曾是上古高士隐居的地域，故韩愈发出求田伊、颍之上的慨叹。馀年：剩余的时光。㉚幸：希冀，希望。长：抚养，长大。『言有穷』句：话有说完的时候，而哀伤的情绪绵绵没有绝期。其：大概，也许。尚飨（xiǎng）：也作『尚享』，古代祭文多以此结尾，意为希望死者享用祭品。

柳子厚墓志铭①

韩愈

原文

子厚，讳宗元。七世祖庆为拓跋魏侍中，封济阴公。②曾伯祖奭为唐宰相，与褚遂良、韩瑗俱得罪武后，死高宗朝。③皇考讳镇，以事母，弃太常博士，求为县令江南。④其后以不能媚权贵，失御史。权贵人死，乃复拜侍御史。号为刚直，所与游皆当世名人。⑤

子厚少精敏，无不通达。逮其父时，虽少年已自成人，能取进士第，崭然见头角，众谓柳氏有子矣。⑥其后以博学宏词授集贤殿正字。俊杰廉悍，议论证据今古，出入经史百子，踔厉风发，率常屈其座人，名声大振，一时皆慕与之交。⑦诸公要人争欲令出我门下，交口荐誉之。⑧

贞元十九年，由蓝田尉拜监察御史。顺宗即位，拜礼部员外郎。遇用事者得罪，例出为刺史。未至，又例贬州司马。⑨居闲益自刻苦，务记览，为词章，泛滥停蓄，为深博无涯涘，而自肆于山水间。⑩

元和中，尝例召至京师，又偕出为刺史，而子厚得柳州。既至，叹曰：『是岂不足为政邪？』⑪因其土俗，为设教禁，州人顺赖。其俗以男女质钱，约：不时赎，子本相侔，则没为奴婢。⑫子厚与设方计，悉令赎归。其尤贫力不能者，令书其佣，足相当，则使归其质。⑬观察使下其法于他州，比一岁，免而归者且千人。衡湘以南为进士者，皆以子厚为师。其经承子厚口讲指画为文词者，悉有法度可观。⑭

其召至京师而复为刺史也，中山刘梦得禹锡亦在遣中，当诣播州。⑮子厚泣曰：『播州非人所居，而梦得亲在堂，吾不忍梦得之穷，无辞以白其大人。且万无母子俱往理。』⑯请于朝，将拜疏，愿以柳易播，虽重得罪死不恨。遇有以梦得事白上者，梦得于是改刺连州。⑰呜呼！士穷乃见节义。今夫平居里巷相慕悦，酒食游戏相征逐，诩诩强笑语以相取下，握手出肺肝相示，指天日涕泣，誓生死不相背负，真若可信；⑱一旦临小利害，仅如毛发比，反眼若不相识，落陷阱，不一引手救，反挤之又下石焉者，皆是也。⑲此宜禽兽夷狄所不忍为，而其人自视以为得计。闻子厚之风，亦可以少愧矣。⑳

子厚前时少年，勇于为人，不自贵重顾藉，谓功业可立就，故坐废退。㉑既退，又无相知有气力得位者推挽，故卒死于穷裔。材不为世用，道不行于时也。㉒使子厚在台省时，自持其身已能如司马、刺史时，亦自不斥；斥时，有人力能举之，且必复用不穷。㉓然子厚斥不久，穷不极，虽有出于人，其文学辞章，必不能自力以致必传于后如今，无疑也。虽使子厚得所愿，为将相于一时，以彼易此，孰得孰失，必有能辨之者。㉔

子厚以元和十四年十一月八日卒，年四十七。以十五年七月十日归葬万年先人墓侧。子厚有子男二人：长曰周六，始四岁；季曰周七，子厚卒乃生。㉕女子二人皆幼。其得归葬也，费皆出观察使河东裴君行立。行立有节概，重然诺，与子厚结交，子厚亦为之尽，竟赖其力。㉖葬子厚于万年之墓者，舅弟卢遵。遵，涿人，性谨慎，学问不厌。自子厚之斥，遵从而家焉，逮其死不去。既往葬子厚，又将经纪其家，庶几有始终者。㉗

铭曰：是惟子厚之室，既固既安，以利其嗣人。㉘

选自《昌黎先生集》卷三十二

平林远山图　元·沈铉

此图为《张观等五家集绘卷》之一。画丛林远岫，平溪小桥。远山平缓，意境幽静冷寂。

注释

①柳子厚：唐代著名文学家柳宗元，子厚是他的字。墓志铭：埋在墓中的志墓文。铭：古代的一种文体，为文刻于器物金石之上，称述生平功德，使传扬于后世，或用于自警。一般以韵语成文。②讳：名。古代对尊长不直呼其名，叫做避讳。七世祖庆：柳宗元的七世祖柳庆，曾为西魏侍中，入北周，被封为平齐县公。拓跋魏：南北朝时，魏的国君姓拓跋，故称『北魏』或『拓跋魏』，来和三国时曹氏的魏区分开来。侍中：本为内朝臣，北魏时位同宰相，西魏承袭。济阴公：据柳宗元《先侍御史府君神道表》，其六世祖柳旦是北周中书侍郎，封济阴（今山东定陶）公。不是七世祖柳庆。③曾伯祖奭（shì）：四世祖柳奭，柳旦的孙子，柳宗元高祖柳子夏的兄长，因此，应为『高伯祖』，而不是『曾伯祖』。褚遂良：钱塘人，精通书法，高宗时因坚决反对立武则天为后，在由潭州（治所在今湖南长沙）都督贬至爱州（治所在今越南清化西北）刺史时死。韩瑗：高宗时的大臣，因反对武则天，被贬而死。武后：武则天，唐时女皇帝。④皇考讳镇：已死的父亲名镇。皇考，对已经死去父亲的尊称。事母：侍奉母亲。事，服侍，侍奉。弃：

放弃。太常博士：太常寺的属官，掌管宗庙礼仪等事。⑤其后：这以后。权贵：指窦参。复拜侍御史：指贞元八年（792），窦参得罪，柳镇再度出任侍御史。拜，授予官职。号：称。⑥精敏：精干敏捷。通达：洞明事理。逮其父时：趁他父亲还在世的时候。逮，趁着。成人：指像成年人。取：获得，这里指考取。进士第：举进士及第。崭然见头角：崭露头角。崭然，高峻突出的样子。头角，头顶左右之突出处，喻青少年的气概或才华。有子：有光耀门楣的儿子。⑦博学宏词：唐代的一种制度，进士及第，再参加博学宏词科考试，被录取后才得授予官职。集贤殿：指集贤殿书院，是唐代藏书、校书、修书之所，置学士、直学士，另设有侍讲学士、修撰、校理、知书、正字等官。俊杰廉悍：才能出众，品行方正，性格勇敢。廉，本指堂屋的侧边，引申为品行方正。证据今古：验证问题，引古证今。出入：进出，这里指融会贯通。经史百子：指经籍、史书和诸子百家的著述。踔厉风发：指议论高迈，就像风连续不断地吹，层出不穷。率：一般，大抵。屈：使屈服，征服。慕：仰慕，敬仰。⑧诸公：各位公卿。要人：指显要人物。令出我门下：让子厚做自己的门生。交口荐誉：异口同声地推荐称誉。之：指柳宗元。⑨贞元十九年：公元803年。『由蓝田』句：指贞元十九年，柳宗元由蓝田（今属陕西）尉职位授监察御史里行（见习员）。礼部员外郎：指礼部的次官。用事者：指掌权的人。例出：照例外放。例贬：照例遭贬。州司马：州官所属的武官。⑩居闲：处于闲散的境地。益：更，更加。务：致力，专力从事。记览：记述游览，指写游记。为词章：写作诗文。泛滥停蓄：漫溢横流又滞留积蓄。这里形容学问文章广博深厚。深博无涯涘（sì）：渊深宽广得没有边际。涯涘，水边。自肆：自己纵情于。⑪元和中：唐宪宗年号。尝：曾，曾经。例召：照例召回。偕出：一起外放。偕，一起，一同。柳州：今属广西。既至：指已经到任。既，已经。是：这，这里。岂：难道。不足为政：

不值得治理政务。足，值得。⑫因：依据，按照。土俗：即当地风俗。教禁：教化禁止。顺赖：顺应依赖。男女：指儿子女儿。质钱：抵押当钱。约：约定。不时赎：指到约定的期限不能赎回。子本相侔（móu）：指利息和本钱相等。侔，相等，相当。没：没收。⑬设方：指欠债方。计：考虑，谋划。悉：全，都。令书其佣：让记下他们的佣金。足：足够，满足。质：指人质。⑭观察使：唐于诸道设观察使，掌考察州县政绩，后兼理民政，辖一道或数州。下其法：颁布这种办法。比：等到。衡湘以南：指衡山、湘江以南的地区。其：那些，那些。经承：继承。法度：规则，规范。⑮其：代词，他。中山刘梦得禹锡：刘禹锡，字梦得，自称中山（今河北定县）人，唐代著名文学家、哲学家，柳宗元的好友，同为王叔文集团重要成员，时从朗州（今湖南常德）司马任上被召回京师。遣：放逐，贬谪。诣：往，到。播州：在今贵州遵义。⑯亲在堂：指母亲健在。无辞：没有言辞，即没有办法回答。白：表白，告诉。大人：对长辈的尊称，这里是对母亲的尊称。『且万无』句：况且绝对没有让母子一同前往贬谪之地的道理。万：绝对，完全。⑰请：请求。拜：呈。疏：古代臣子上呈给皇帝的奏章。易：更换。重（chóng）：再次。『遇有』二句：遇到有人把刘禹锡的情况禀告给皇上，刘因此改任为连州刺史。⑱节义：节操和义行。平居里巷：平时的街坊邻里。征逐：远追。诩（xǔ）诩：融洽聚合的样子，这里形容讨好取媚。强：故意，特意。取下：处在对方之下。『握手』句：握住对方的手，表示要掏出肺肝来给对方看。誓：发誓，立誓。若：如同，好像。⑲小利害：小的利益和祸患。如毛发比：像毛发一样。比，类。反眼：翻脸。一引手救：伸手拉拽一把来救助。挤：排挤，排斥，陷害。下石：落井下石，比喻趁人身处困境时陷害人家。⑳宜：似乎，大概。夷狄：古代蔑称东方和北方少数民族为『夷狄』。不忍为：不忍心做的。以为得计：自以为很有办法。风：指人的节操、品质、作风。少愧：稍觉惭愧。少，稍微，稍稍。㉑前时：指以前，过去。为人：帮助别人。贵重顾藉：指珍重顾惜自己。立就：立时成就。坐：因犯……罪，这里指受牵连。废退：废黜而离职。㉒相知：彼此交好。有气力：有实力，有势力。得位者：指有权势地位的人。推挽：推荐扶植。卒：终于，最终。穷裔：指荒远偏僻的地方。材：才能。道：学说，主张。㉓使：假使，假若。台省：『台』和『省』都是中央官署的名称，唐代尚书省称中台，门下省称东台，中书省称西台，统称台省。柳宗元曾在御史台和尚书省任过职。『自持其身』二句：自己约束自己，一定能像在做司马、刺史时那样，自己也不会被贬斥。已：重视并实行。举：推举，荐举。复用：重新起用。不穷：不致穷困。㉔极：达到极点。虽：即使。自力：尽自己的力量。以致：以达到。必传于后：必定能流传后世。以彼易此：拿那个换这个。孰得孰失：什么算得什么算失。辨：辨别，区分。㉕元和十四年：指公元819年。万年：今陕西西安东。子男：指儿子。长：长子。季：幼子。卒：死。㉖河东裴君行立：河东，古地区名，唐以后泛指黄河以东的山西。裴行立，绛州稷山人，故称『河东』。裴行立，元和十二年（817）任桂管观察使。节概：节操气概。然诺：许诺。尽：竭力，尽力。竟赖其力：竟然依靠他的力量办的后事。㉗舅弟卢遵：卢遵是柳宗元舅父的儿子，即柳宗元的表弟。涿：涿州，今属河北。不厌：指学习不知疲倦。厌，同『餍』，满足。从而家：跟从并且随之安家。逮：及，至，到。不去：不离开。去，离开。既：既然。经纪：经管料理。庶几：大概，或许。㉘铭：铭文，指铸刻在器物上来称述功德或警戒自己的文字。是：这。既：连词，又。以：连词，可译为『来』。嗣人：后代，后人。

杨烈妇传①

李翱

作者简介

李翱（772~841），字习之，陇西成纪（今甘肃秦安西北）人，一说赵郡（今河北赵县）人。唐代文学家、哲学家。贞元十四年（798）进士，历任朗、庐等六州刺史，曾官至山南东道节度使。性情耿直。曾师从韩愈学习古文，协助韩愈推动了唐代的古文运动。所作《来南录》，为传世较早的日记体文章。李翱为文尚气质，其散文平易流畅，为当世之人所推重，不作诗歌。清代储欣将其列入唐宋古文十大家之一。著有《李文公集》。

原文

建中四年，李希烈陷汴州；既又将盗陈州，分其兵数千人抵项城县。②盖将掠其玉帛，俘累其男女，以会于陈州。③县令李侃不知所为。其妻杨氏曰：『君，县令也，寇至当守；力不足，死焉，职也。④君如逃，则谁守？』侃曰：『兵与财皆无，将如何？』杨氏曰：『如不守，县为贼所得矣，仓廪皆其积也，府库皆其财也，百姓皆其战士也，国家何有？夺贼之财而食其食，重赏以令死士，其必济！』⑤

于是，召胥吏、百姓于庭。杨氏言曰：『县令，诚主也；虽然，岁满则罢去，非若吏人、百姓然。⑥吏人、百姓，邑人也，坟墓存焉，宜相与致死以守其邑，忍失其身而为贼之人耶？』众皆泣，许之。⑦乃徇曰：『以瓦石中贼者，与之千钱；以刀矢兵刃之物中贼者，与之万钱。』得数百人，侃率之以乘城。⑧杨氏亲为之爨以食之；无长少，必周而均。使侃与贼言曰：『项城父老，义不为贼矣，皆悉力守死。得吾城不足以威，不如亟去，徒失利无益也。』⑨贼皆笑。有蜚箭集于侃之手，侃伤而归。杨氏责之曰：『君不在，则人谁肯固矣！与其死于城上，不犹愈于家乎？』侃遂忍之，复登陴。⑩

项城，小邑也，无长戟、劲弩、高城、深沟之固，贼气吞焉，率其徒将超城而下。有以弱弓射贼者，中其帅，坠马死。⑪其帅，希烈之婿也。贼失势，遂相与散走，项城之人无伤焉。刺史上侃之功，诏迁绛州太平县令。杨氏至兹犹存。⑫

妇人女子之德，奉父母舅姑尽恭顺，和于娣姒，于卑幼有慈爱，而能不失其贞者，则贤矣。⑬辨行列，明攻守勇烈之道，此公卿大臣之所难。厥自兵兴，朝廷注意宠旌守御之臣。凭坚城深池之险，储蓄山积，货财自若，冠胄服甲负弓矢而驰者，不知几人！⑭其勇不能战，其智不能守，其忠不能死，弃其城而走者有矣！彼何人哉！若杨氏者，妇人也。孔子曰：『仁者必有勇。』杨氏当之矣。⑮

赞曰：凡人之情，皆谓后来者不及于古之人。贤者古亦稀，独后代耶！及其有之，与古人不殊也。⑯若高愍女、杨烈妇者，虽古烈女，其何加焉！予惧其行事湮灭而不传，故皆叙之，将告于史官。⑰

选自《李文公集》卷十二

注释

①烈妇：指刚正而有节操的妇女。传：一种记述人物事迹的传志文章。这篇文章记述了项城保卫战中女主人公杨烈妇的事迹。唐德宗四年（783），淮北节度留后李希烈反叛唐室，拥兵自立为帝，在攻陷汴州等城后，企图奔袭陈州，途中围项城。在这紧要关头，县令夫人杨氏成为一位有勇有谋、仁义兼备、忠于国家、体爱民众的巾帼英雄。②建中：唐德宗年号。李希烈：辽西（今北京顺义）人，少入平卢军，后驱逐

李忠臣，任淮西节度留后。德宗建中年间，受诏讨梁崇义，又奉命攻打淄青节度李正己，反与河北叛将朱滔、田悦等勾结，自称建兴王、天下都元帅。建中四年连陷汝州、襄城、汴州，不久在陈州为刘洽所败，潜逃蔡州，被医人陈仙甫毒死。陷：攻破，攻陷。汴州：今河南开封。既：既而，不久。将：将要。盗：劫掠，抢掠。陈州：治所在今河南淮阳。项城县：今属河南省。③盖：句首语气词。其：指项城县。玉帛：泛指财物。俘累：俘获拘系。累，同「缧」，绳索。会：聚集。④李侃：当时项城县的县令。所为：所该做的事情。杨氏：县令李侃的夫人，本文的女主人公。君：对对方的尊称，相当于「您」。寇：盗匪，这里指叛匪。职：职责。⑤将：打算，想要。如何：怎么办。仓廪（lǐn）：储藏谷米的仓库。其：他们的。这里指叛匪的。积：堆积谷物。府库：古代收藏钱财和兵器的地方。「夺贼」句：夺取叛匪的财物并吃掉他们的食物。句中第一个「食」意为吃，第二个「食」为食物。死士：敢死之士。济：成功。⑥胥吏：指官府中办文书的小吏。诚：确实。主：指一县之长。虽然：虽然这样。然，如此，这样。「岁满」二句：任职到期就将离开，不像你们吏人、百姓那样世世代代都是住在这里。罢去：离去，归去。非若：不像。吏人：指职位低微的官员。⑦邑人：全邑的人。邑，小城市。坟墓：指先人的坟茔。「宜相与」句：应该共同发誓死守自己的城邑。宜：应该，应当。相与：共同。致：传达，表示。其：你们的。忍：愿意。许之：同意她的意见。许，许可，同意。之，指代杨氏的意见。⑧徇：当众宣布。中：击中。与之：赏给他。与，给予。刀矢兵刃：指各种武器。乘城：登城。⑨「杨氏」句：杨氏亲自为守城的吏人百姓烧火做饭，提供食物给他们。爨（cuàn）：烧火煮饭。食：使……食。之：此句两个「之」字均指代守城的吏人、百姓。「无长少」二句：不分年长年少，一定考虑周全而公平。义：合乎正义的行为和事情。悉：尽全力。守死：死守。亟去：赶

快退去。徒：白白地。益：好处，益处。⑩蜚箭：即飞箭。集：降。固：固守。不犹：不优于。『犹』通『优』。愈：痊愈，指病好转。陴（pí）：城上呈凸凹形的矮墙，又称女墙。⑪戟：古代一种同时有矛和戈作用的兵器，兼备直刺、旁击、横钩的作用。弩：用机械放箭的弓。气吞：气势吞并。超城：一跃登城而上。超，一跃而上。弱弓：指拉力小的弓。坠马：从马上掉下来。⑫失势：指失去有利形势。伤：损害。诏：皇帝的命令或文告。迁：晋升或调动官职。绛州：治所在今山西新绛。兹：此时，这时。⑬德：古代要求妇女有四德，即妇德、妇言、妇容、妇功。『奉父母』二句：侍奉父母和公公婆婆，尽恭敬孝顺之道，妯娌之间相处和睦。舅姑：丈夫的父母。娣姒：妯娌。贞：指妇女守节。⑭『辨行列』三句：辨别排行的次第，阐明攻守兼备、勇敢刚直的道理，这就算是朝廷的高级官员也难以做到。行列：排行的次序。勇烈：勇敢刚直。厥：乃。注意：留意。宠旌：光耀表彰。守御：守护御卫。储蓄山积：积贮备用的物资堆积如山。货财自若：货物如常。冠胄服甲：头戴头盔，身穿铠甲。弓矢：即弓箭。驰：赶马快奔。⑮勇：勇敢。智：智慧。忠：指忠于君主。走：疾行，指逃得快。仁者必有勇：仁人一定勇敢。语见《论语·宪问》。当：适应，与之相称。⑯赞：古代称纪传体史书或文章中篇末的评论性文字为『赞』。皆谓：都说。皆，都。谓，说。后来者：指后人。及：到。其：指后来者，即后人。不殊：不是不同，指没有差异。⑰高愍女：李翱另一篇文章《高愍女碑》的女主人公。何加：加何。加，超过。行事：所做的事，事实。湮（yān）灭：灭失。叙：陈述，记述。

陋室铭[1]

刘禹锡

作者简介

刘禹锡（772～842），唐代文学家，同时为唐代中晚期著名诗人，有『诗豪』之称。字梦得，洛阳（今属河南）人。自言系出中山（治所在今河北定县）。唐德宗贞元（785～804）年间进士，又登博学宏词科。累迁监察御史。顺宗时，与柳宗元等参加主张改革的王叔文集团，反对宦官和藩镇割据势力。宪宗即位，王叔文败，刘被贬为朗州司马长达九年。后历任连州、夔州、和州刺史。文宗大和（827～835）年间，入朝为主客郎中，礼部郎中，兼集贤院学士。复出为苏州、汝州、同州刺史，晚年以太子宾客分司东都。刘禹锡诗文兼擅，有《刘宾客集》传世。

原文

山不在高，有仙则名；水不在深，有龙则灵。斯是陋室，惟吾德馨。[2]苔痕上阶绿，草色入帘青。谈笑有鸿儒，往来无白丁。[3]可以调素琴，阅金经。无丝竹之乱耳，无案牍之劳形。[4]南阳诸葛庐，西蜀子云亭。孔子云：『何陋之有！』[5]

选自《古文集成》卷四十八

注释

①陋室：指简陋狭小的居室。铭：文体名。刻铸在器物金石上，用以在品德、行为方面提出警戒、规勉，或称述生平功德，使在后世显名。②仙：仙人，神仙。名：名号，名分。灵：神奇，灵异。斯：这。德

馨（xīn）：语出《尚书·君陈》『黍稷非馨，明德惟馨』。馨，香气远闻，这里指德行美好。③苔痕：青苔生长的痕迹。上：指蔓延。入：映入。鸿儒：指学问渊博的人。鸿，大。白丁：指无功名无官职的平民。④调：调试，调和音调。素琴：未加雕饰的琴。金经：古代用泥金书写的佛经。丝竹：弦乐器和竹管乐器。这里泛指音乐声。乱耳：指音乐声扰乱听觉。案牍：公事文书。劳形：使形体劳累，指公务累身。劳，使……劳。⑤南阳诸葛庐：东汉末年，诸葛亮躬耕于南阳，隐居于草庐。这里以未出山的『南阳诸葛』自比。西蜀子云亭：西汉扬雄，字子云，西蜀（今四川成都）人，他在成都少城西南的草玄堂写成《太玄》一书，故这里以『子云亭』喻居处，亦以自比。孔子：鲁国人，春秋战国时的思想家、教育家，儒家创始人。何陋之有：有什么简陋的呢？语出《论语·子罕》。云：『子欲居九夷。或曰：「陋，如之何？」子曰：「君子居之，何陋之有？」』

卷九　唐文二

桐叶封弟辨①

柳宗元

作者简介

柳宗元（773~819），唐代著名的文学家、政治家，字子厚，河东解（今山西运城西）人。贞元九年（793）中进士，累迁至礼部员外郎。因参加王叔文为首的政治改革运动（史称『永贞革新』），失败后，被贬永州司马。元和十年（815），改任柳州刺史。柳宗元诗文兼擅，与韩愈一起领导了唐代的古文运动，同被列为『唐宋八大家』，并称『韩柳』。有《柳河东集》传世。

原文

古之传者有言，成王以桐叶与小弱弟，戏曰：『以封汝。』②周公入贺。王曰：『戏也。』周公曰：『天子不可戏。』乃封小弱弟于唐。③

吾意不然。王之弟当封邪？周公宜以时言于王，不待其戏而贺以成之也。④不当封邪？周公乃成其不中之戏，以地以人与小弱弟者为之主，其得为圣乎？⑤且周公以王之言不可苟焉而已，必从而成之邪？设有不幸，王以桐叶戏妇、寺，亦将举而从之乎？⑥凡王者之德，在行之何若。设未得其当，虽十易之不为病。⑦要于其当，不可使易也，而况以其戏乎！若戏而必行之，是周公教王遂过也。⑧

吾意周公辅成王，宜以道，从容优乐，要归之大中而已，必不逢其失而为之辞。⑨又不当束缚之，驰骤之，使若牛马然，急则败矣。[10]且家人父子尚不能以此自克，况号为君臣者邪？[11]是直小丈夫䂮䂮者之事，非周公所宜用，故不可信。[12]

或曰：封唐叔，史佚成之。[13]

选自《柳河东集》卷四

注释

①桐叶封弟的故事见于《史记》、《吕氏春秋》和《说苑》等史籍，把周成王姬甬用梧桐叶剪成玉圭的形状送给小弟叔虞的游戏当做正史记载下来。辨：通"辩"，古代论说文的一种体裁，通篇驳论，驳斥反面论点。②传（zhuàn）者：编撰史传的人。言：言论，这里指记述。"成王"句：周成王把梧桐叶剪成玉圭的形状封给他的小弟弟。弱：年幼。戏：戏弄。以：用来。③周公：姬旦，周武王的弟弟，周成王的叔父。辅佐武王、成王两世治理国家，被后代儒家尊为圣人。入贺：进宫表示祝贺。戏：开玩笑。乃：于是。唐：古代国名，在今山西翼城西。④意：意思，意见。不然：不是这样。然，这样。当：应当。宜：适宜，当然。以时：按时，这里指及时。"不待"句：不要等到成王开了那样的玩笑反倒去祝贺，来促成分封这件事。而：却。成：完成，实现，这里意为促成。⑤不中之戏：不适当的玩笑。"以地"句：把土地和百姓交给年幼的弟弟，并让他当他们的君主。以：拿，用。与：赐予，给予。为之主：成为他们的君主。其：岂，难道。得：能，可能。⑥"且周公"二句：还是周公认为成王的话不能随便说说就算了，一定要顺从并促成它呢？且：抑或，还是。不可：不能。苟：苟且，随便。而已：罢了。从而成：顺从并促成。设：设若，假如。不幸：不幸运，不巧。妇：指帝王身边的妇人，即妃嫔。寺：指宫中的近侍，即宦官。举而从：任用并

顺从。⑦行：做，实施。何若：若何，如何。『设未得』句：如果实施得很不适当。虽：即使。易：改变。不为病：也算不上是过错。⑧要：总括，概括。使：致使，让。易：轻率。而况：何况。遂过：放任错误。⑨辅：辅助，辅佐。宜以道：适宜用正道。从容优乐：举止和戏谑游乐。要：要领，关键。大中：一种既不过头又非不足、恰如其分的境界。逢其失：逢迎他的过失。为之辞：替他巧言粉饰。⑩束缚：受到约束限制。驰骤：疾驰。若牛马然：像牛马被驱驰一样。急则败：急于求成反而不会成功。⑪且：况且。家人父子：一家中的父子。尚：尚且。自克：自我约束。况：况且，何况。号为君臣：宣称有君臣名分。⑫『是直』句：这只是小男孩耍小聪明的人所干的事。直：只是，不过是。小丈夫：小男孩。䂕（quē）䂕：狡诈，小聪明。所宜用：所采用的方法。⑬或：有人。封：分封。唐叔：指叔虞。因封于唐地，故简称为唐叔。史佚：指周朝的史官尹佚。据《史记·晋世家》记载，是史佚促成周成王封叔虞于唐。

捕蛇者说①

柳宗元

原文

永州之野产异蛇，黑质而白章，触草木尽死；以啮人，无御之者。②然得而腊之以为饵，可以已大风、挛踠、瘘、疠，去死肌，杀三虫。③其始，太医以王命聚之，岁赋其二。募有能捕之者，当其租入。永之人争奔走焉。④

有蒋氏者，专其利三世矣。问之，则曰：『吾祖死于是，吾父死于是，今吾嗣为之十二年，几死者数矣。』言之，貌若甚戚者。⑤余悲之，且曰：『若毒之乎？余将告于莅事者，更若役，复若赋，则何如？』⑥

蒋氏大戚，汪然出涕曰：『君将哀而生之乎？则吾斯役之不幸，未若复吾赋不幸之甚也。⑦向吾不为斯役，则久已病矣。自吾氏三世居是乡，积于今六十岁矣。而乡邻之生日蹙。⑧殚其地之出，竭其庐之入，号呼而转徙，饥渴而顿踣，触风雨，犯寒暑，呼嘘毒疠，往往而死者相藉也。⑨曩与吾祖居者，今其室十无一焉；与吾父居者，今其室十无二三焉；与吾居十二年者，今其室十无四五焉，非死则徙尔，而吾以捕蛇独存。⑩悍吏之来吾乡，叫嚣乎东西，隳突乎南北，哗然而骇者，虽鸡狗不得宁焉。⑪吾恂恂而起，视其缶，而吾蛇尚存，则弛然而卧。谨食之，时而献焉。退而甘食其土之有，以尽吾齿。⑫盖一岁之犯死者二焉，其馀则熙熙而乐。岂若吾乡邻之旦旦有是哉！今虽死乎此，比吾乡邻之死则已后矣，又安敢毒耶？⑬』

余闻而愈悲。孔子曰：『苛政猛于虎也。』吾尝疑乎是。今以蒋氏观之，犹信。⑭呜呼！孰知赋敛之毒有甚是蛇者乎！故为之说，以俟夫观人风者得焉。⑮

选自《柳河东集》卷十六

注释

①这篇文章是作者被贬永州时所作。通过对捕蛇人生活的描绘，反映了中唐社会的种种弊端和问题。说：文体名，是我国古代论说文的一种，通常以『说』字标于题上。这种文体由战国时期策士们的游说之词发展而来，是政治论辩的记录。②永州：治所在今湖南零陵。黑质：黑色的质地，指通体黑色。白章：白的花纹。章，花纹。啮（niè）：咬。御：抗拒，抵挡。③然：可是，却。腊（xī）：风干。饵：药物。可以：能，能够。已：治愈。大风：麻风病。挛踠：一种手脚弯曲伸不直的病。瘘：脖颈肿疮。疠：恶疮。死肌：

坏死的皮肤和皮下肉。三虫：指人体内的寄生虫。④太医：泛指皇帝的医生，为太医或御医。聚：收集。岁：每年。赋：征取，征收。募（mù）：招募，征召。当：相抵。租入：指应当缴纳的租税。奔走：急急奔跑，为某事奔忙。走，跑。⑤专其利：独享这种好处，指捕蛇可免去本应缴纳的租税。三世：即三代。是：这，指捕蛇抵税这件差事。嗣：继承。几死者：几乎死去的情况。数：多次。『貌若』句：面容好像很悲伤的样子。甚戚：非常悲痛。戚，悲伤，悲痛。⑥悲：怜悯，悲悯。若：你。毒：怨恨，痛恨。莅事者：管事的人，指地方官。莅，临。更：变更，更换。复：恢复。⑦汪然：眼泪满眶的样子。将：将要，打算。哀而生：同情并使活下去。生，使……生存下去。斯役：这个劳役，指捕蛇这差事。未若：不像。甚：严重，厉害。⑧向：过去，从前。病：困苦。是乡：这个乡。乡邻之生：乡亲邻居的生活。蹙（cù）：窘迫。⑨殚（dān）：尽，竭尽。出：指田地所产出的庄稼。竭：完全。入：指家庭收入。号呼：大声地喊叫。转徙：转移，迁徙。顿踣（bó）：困顿倒下。踣，僵仆。呼嘘：呼气缓。毒疠：指瘴气。往往：常常。相藉：互相践压，形容死人很多。⑩曩（nǎng）：从前，过去。居：居住在一起。室：家室。徙：迁徙，搬走。⑪悍吏：凶悍的吏卒。叫嚣：喊叫，喧呼。隳（huī）突：骚扰，指横行霸道。骇：惊扰，骚乱。⑫恂（xún）恂：担心害怕的样子。缶（fǒu）：一种腹大口小有盖的瓦器。弛然：放松、松懈的样子。食（sì）：喂养。时：到规定的时间。甘食：香甜地吃着。其土之有：那土地上出产的东西。齿：年龄，岁数。⑬犯死者：指冒着生命危险的情况。岂若：哪里像。旦旦有是：天天有这种危险。虽：即使。『比吾』句：比起我乡亲邻居们的死，就已经晚得多了。毒：怨恨，痛恨。⑭苛政猛于虎：苛酷的统治比老虎还要凶。语出《礼记·檀弓》。尝：曾经。是：这，指『苛政猛于虎』这句话。信：相信。⑮赋敛之毒：收取租税的祸患。毒，祸患。说：

这里指本文。『以俟夫』句：留待那些考察民情风俗的官员参考。俟：等待。观人风者：指体察民风民情的官员。

种树郭橐驼传[1]

柳宗元

原文

郭橐驼，不知始何名。病偻，隆然伏行，有类橐驼者，故乡人号之『驼』。[2]驼闻之曰：『甚善，名我固当。』因舍其名，亦自谓橐驼云。[3]

其乡曰丰乐乡，在长安西。驼业种树，凡长安豪家富人为观游及卖果者，皆争迎取养。[4]视驼所种树，或移徙，无不活；且硕茂，早实以蕃。他植者虽窥伺效慕，莫能如也。[5]

有问之，对曰：『橐驼非能使木寿且孳也，能顺木之天以致其性焉尔。[6]凡植木之性，其本欲舒，其培欲平，其土欲故，其筑欲密。[7]既然已，勿动勿虑，去不复顾。其莳也若子，其置也若弃。则其天者全而其性得矣。[8]故吾不害其长而已，非有能硕茂之也；不抑耗其实而已，非有能早而蕃之也。[9]他植者则不然：根拳而土易，其培之也，若不过焉则不及。[10]苟有能反是者，则又爱之太殷，忧之太勤，旦视而暮抚，已去而复顾；甚者爪其肤以验其生枯，摇其本以观其疏密，而木之性日以离矣。[11]虽曰爱之，其实害之；虽曰忧之，其实仇之。故不我若也，吾又何能为哉！』[12]

问者曰：『以子之道，移之官理，可乎？』驼曰：『我知种树而已，官理非吾业也。[13]然吾居乡，见长人者好烦其令，若甚怜焉，而卒以祸。⑭旦暮吏来而呼曰：「官命促尔耕，勖尔植，督尔获，早缫而绪，早织而缕，字而幼孩，遂而鸡豚。」⑮鸣鼓而聚之，击木而召之。吾小人辍飧饔以劳吏者，且不得暇，又何以蕃吾生而安吾性耶？⑯故病且怠。若是，则与吾业者其亦有类乎？⑰』

问者曰：『嘻，不亦善夫！吾问养树，得养人术。』传其事以为官戒也。⑱

选自《柳河东集》卷十七

注释

①这是一篇为种树人所写的传记。②郭橐（tuó）驼：代指主人公的名字。橐驼，本指骆驼，这里是形容主人公得佝偻病后背部隆起的形状。始何名：原来叫什么名字。病偻：患有佝偻（gōu lóu）病。隆然伏行：指因背部隆起而迫使腰弯下，低着头俯身而行。类：类似，好像。③甚善：很好。固当：本来相称。固，本来。舍：放弃。自谓：自称。④长安：唐代都城，在今陕西西安。业：职业。为观游：为了观赏游览。卖果：经营水果生意。争迎取养：争相延迎召请雇养他。⑤视：看。移徙：迁移，迁徙。硕茂：形容高大而繁茂。早实以蕃：果实结得早而多。蕃，多。『他植者』句：其他种植的人即便是偷看模仿。窥伺：暗中察看，有所图谋。效慕：效法，效仿。莫能如：比不上。如，及，比得上。⑥对：回答。寿且孳（zī）：活得长久，生长得旺盛。天：天性，这里指树木生长的自然规律。以致其性：来达到它的天性。⑦植木之性：栽种树木的性质特点。本：指树根。舒：展开。培：培土，在根基部堆土。平：均平。土：指围绕根部的土。故：原来的。筑：捣土，夯土。密：坚实。⑧既然已：完了之后。『勿动』二句：不要再动迁它、担心它，尽管走开不再顾及它。莳（shì）：栽种。若子：像照顾孩子一样。置：放置。若弃：像遗弃它一样。

『则其』句：那么，树木就能保全它原有的自然生长规律，并按照它的本性生长了。则：那么，就。其：指示代词，不译。⑨不害其长：不妨害树木的生长。不抑耗其实：不压抑而减少它的结果实。早而蕃：早熟且生长得茂盛。⑩他植者：其他种植的人。不然：不是这样。然，这样。根拳：树根屈曲。土易：根土被换置。易，换。『若不过』句：如果不是过多，就是过少。⑪苟：假如，如果。反是者：和这种情况相反的。是，这，指这种情况。殷：深厚，引申为过分。『旦视』二句：早晨去看看，夜里去摸摸，已经走开了，还要回头再看看。爪其肤：用指甲抠开树皮。肤，指树皮。生枯：是活是死。摇其本：摆动它的根本。疏密：指根系分布的疏和密。离：割裂，断绝。⑫虽：虽然。不我若：『不若我』的倒装，意思是不像我做的那样。何能为：『为何能』的倒装句，意思是有什么能力。⑬道：道理，规律。『官理』句：做官治理政事并不是我所操持的行业。官理：当官治理政事。⑭然：可是，但。居乡：居住的乡下。长（zhǎng）人者：指官长。烦：繁多，琐碎。若：好像，如同。甚怜：很爱怜。卒：最终，终于。祸：灾祸，灾难。⑮旦暮：一天到晚。旦，早上；暮，晚上。吏：胥吏，古代没有品级的公务人员。官：官府。命：命令。尔：你们。勖（xù）：勉励。植：栽种。督：督促。缫（sāo）而绪：找出丝头缫丝。缫，煮茧抽丝。绪，丝头。织而缕：找到丝线织布。缕，线。字：抚养，养育。而：你，你们。遂：成长，养育。鸡豚（tún）：鸡和猪。豚，指小猪。⑯『鸣鼓』二句：击鼓来集合村民，敲梆子来召集百姓。『吾小人』句：我们小百姓中止吃早晚饭来慰劳胥吏。辍（chuò）：中止，停止。飧（sūn）：晚饭。饔（yōng）：早饭。劳：慰劳。暇：闲暇，空闲。蕃吾生：繁衍我的生命。安吾性：安定我的一生。性，性命，生命。⑰病：困苦，困乏。怠：疲倦，疲惫。若是：像这样。吾业者：我那些种树的同行。其：也许，大概。亦有类：也有些类似。⑱不亦善夫：不也很好嘛。得：得到，获得。养人术：指管理民众的办法。『传（zhuàn）其事』句：记载下这件事，作为做官的鉴戒啊！传：记载。以为：作为，用作。

梓人传①

柳宗元

原文

裴封叔之第，在光德里。有梓人款其门，愿佣隙宇而处焉。②所职寻引、规矩、绳墨，家不居砻斫之器。③问其能，曰：『吾善度材，视栋宇之制，高深、圆方、短长之宜，吾指使而群工役焉。④舍我，众莫能就一宇。故食于官府，吾受禄三倍；作于私家，吾收其直太半焉。⑤』他日，入其室，其床阙足而不能理，曰：『将求他工。』余甚笑之，谓其无能而贪禄嗜货者。⑥

其后，京兆尹将饰官署，余往过焉。委群材，会众工。或执斧斤，或执刀锯，皆环立向之。⑦梓人左持引，右持杖，而中处焉。量栋宇之任，视木之能，举挥其杖曰：⑧『斧！』彼执斧者奔而右；顾而指曰：『锯！』彼执锯者趋而左。俄而斤者斫，刀者削，皆视其色，俟其言，莫敢自断者。⑨其不胜任者，怒而退之，亦莫敢愠焉。画宫于堵，盈尺而曲尽其制，计其毫厘而构大厦，无进退焉。⑩既成，书于上栋曰『某年某月某日某建』，则其姓字也。凡执用之工不在列。余圜视大骇，然后知其术之工大矣。⑪

继而叹曰：彼将舍其手艺，专其心智，而能知体要者欤？⑫吾闻劳心者役人，劳力者役于人，彼其劳心者欤？能者用而智者谋，彼其智者欤？⑬是足为佐天子、相天下法矣！物莫近乎此也。彼为天下者本于人。

疏林远山图　元·刘堪

此图为《张观等五家集绘卷》之一。近岸疏林房舍，陂陀小草，对岸远岫丛林，中分一水。笔意疏秀简远，自识『山横大野岚光远，树入寒云雨意酣。忆在朱方出江郭，朗吟招隐望淮南。子舆为原初写。』

[14]其执役者，为徒隶，为乡师、里胥；其上为下士，又其上为中士，为上士；[15]又其上为大夫，为卿，为公。离而为六职，判而为百役。外薄四海，有方伯、连率。[16]郡有守，邑有宰，皆为佐政。其下有胥吏，又其下皆有啬夫、版尹，以就役焉，犹众工之各有执技以食力也。[17]彼佐天子、相天下者，举而加焉，指而使焉，条其纲纪而盈缩焉，齐其法制而整顿焉，犹梓人之有规矩、绳墨以定制也。[18]择天下之士，使称其职；居天下之人，使安其业。视都知野，视野知国，视国知天下，其远迩细大，可手据其图而究焉，犹梓人画宫于堵而绩于成也。[19]能者进而由之，使无所德；不能者退而休之，亦莫敢愠。不衒能，不矜名，不亲小劳，不侵众官，日与天下之英才讨论其大经，犹梓人之善运众工而不伐艺也。[20]夫然后相道得而万国理矣。相道既得，万国既理，天下举首而望曰：『吾相之功也。』[21]后之人循迹而慕曰：『彼相之才也。』士或谈殷、周之理者，曰伊、傅、周、召，其百执事之勤劳而不得纪焉，犹梓人自名其功而执用者不列也。[22]大哉相乎！通是道者，所谓相而已矣。其不知体要者反此：[23]以恪勤为功，以簿书为尊，衒能矜名，亲小劳，侵众官，窃取六职百役之事听听于府庭，而遗其大者、远

者焉，所谓不通是道者也。㉔犹梓人而不知绳墨之曲直、规矩之方圆、寻引之短长，姑夺众工之斧斤刀锯以佐其艺，又不能备其工，以至败绩用而无所成也。不亦谬欤？㉕

或曰：『彼主为室者，傥或发其私智，牵制梓人之虑，夺其世守而道谋是用，虽不能成功，岂其罪耶？亦在任之而已。』㉖余曰：不然。夫绳墨诚陈，规矩诚设，高者不可抑而下也，狭者不可张而广也。由我则固，不由我则圮。㉗彼将乐去固而就圮也，则卷其术，默其智，悠尔而去，不屈吾道，是诚良梓人耳。㉘其或嗜其货利，忍而不能舍也；丧其制量，屈而不能守也；栋桡屋坏，则曰：『非我罪也。』可乎哉，可乎哉？㉙

余谓梓人之道类于相，故书而藏之。梓人，盖古之审曲面势者，今谓之『都料匠』云。余所遇者，杨氏；『潜』，其名。㉚

选自《柳河东集》卷十七

注释

①梓（zǐ）人：木匠，木工。传：传记，记载人物事迹的文章。②裴封叔：裴墐，字封叔，河东闻喜（今属山西）人，贞元三年（787）进士，曾任京兆府参军、太常寺主簿、殿中侍御史、比部员外郎、万年令等职。他是柳宗元的二妹夫。第：指贵族的住宅。光德里：唐长安城的街坊，在皇城西南角。款：叩，敲。佣：租赁。隙宇：空闲的房屋。隙，空，闲。处：居住，栖息。③职：职业。寻引：寻、引都是古代的长度单位，古代以八尺为一寻，以十丈为一引。这里指度量长度的工具。规矩：校正方圆的器具。规，圆规；矩，方矩。绳墨：木匠用来打直线的工具。居：储存。砻（lóng）斫（zhuó）之器：研磨和砍、劈的工具。④能：能力，才能。善：善于，擅长。度材：衡量、计算材料。栋宇之制：指房屋的规模。栋，指房屋

的正梁；宇，指屋檐。制，规模。高深：指高度和进深。圆方：圆木、方木材料。宜：合适。指使：指事使人做，支使人。役：劳役，劳作。⑤舍：离开。就：建成，造成。一宇：一间房屋。食于官府：指在官府干活拿工钱。食，俸禄。受禄：指拿到的工钱。直：价值，价钱。太半：大半，多半。⑥阙：残缺。不能理：无法自己修理。将求他工：准备请其他木匠来修。甚笑之：很是笑话他。贪禄：贪图俸禄。嗜（shì）货：非常爱财。⑦其后：后来。京兆尹：官名。饰官署：装修官府的房舍。往过：前往经过。委：放置，堆积。群材：众多的材料。会：聚集。执：握着，拿着。斧斤：即斧头。环立：围着站立。向：朝着，面对。⑧引：指量尺。杖：指木棒。中处：站在中间。任：任用。能：胜任，指是否合用。举挥：举起挥动。⑨彼：那，那些。奔：迅速，急速。顾：回头看。趋：赶快，急速。俄而：不久，一会儿。斤者斫：拿斧的人砍起来。刀者削：拿刀的人削起来。俟：等待。自断：指自作主张。⑩退：辞退，使离去。愠（yùn）：生气。画宫于堵：指把房屋的平面图画在墙上。宫，这里指想要修建的房屋。堵，墙，墙壁。盈尺：满一尺见方。盈，满。曲尽其制：制作得详尽周遍。『计其』句：依据图上缩小的尺寸比例来建造高大的房屋。计：计算。毫厘：指缩小的数量。构：构筑，建筑。进退：增减。⑪既成：已经完工。既，已经。上栋：大梁。姓字：姓氏名字。执用之工：供役使的工匠。列：其中。圜（huán）视：环视，相互而视。其术之工：他的技巧、方法的功效。工，功效。大：指程度高范围大，这里指功效显著。⑫继而：接着。彼：他。舍：放弃，放下。手艺：手工技能。专：专一，单纯。心智：心思智慧。而：然后，便。体要：大体，纲要。⑬『吾闻』二句：我听说费心思的人治理人，出体力的人被人治理。出自《孟子·滕文公上》，原文为『劳心者治人，劳力者治于人』。其：其中的。『能者』二句：有能力的人发挥他的功用，有智慧的人出计谋，他大概算是有智慧的人吧。⑭『是足为』句：这足以成为辅佐天子、为相治理天下所效法的了。相：使为相，为相。法：效法。『物莫』句：事情没有不近于这两点的了。为：治理。『彼为』句：那治理天下的相，他的根基是天下的人。本：根本，根源，来源。⑮执役者：服役，供职。指掌管役作的人。徒隶：指服劳役的犯人。乡师：周朝官名。里胥：古代的一里的长官。下士：古代官阶之一。中士：周代职官名。上士：周代职官名。⑯大夫：职官等级名。卿：先秦和秦汉时期官阶和爵位名。公：先秦时期的爵位名，分公、侯、伯、子、男五等。离：并列。六职：指官府的六种职务，即治、教、礼、政、刑、事。判：分开。百役：百职官位。薄：靠近，迫近。方伯：这里泛指地方长官。连率：西汉末王莽建新王朝，改郡守为连率。⑰守：指太守。宰：县宰，县令。为：有。佐政：副职或辅助正职理政的官，如长史、司马、县尉等。胥吏：官府中办文书的小吏。啬（sè）夫：古代小官名。版尹：古代掌管户籍的官。就：就职，赴任。役：职位。『犹众工』句：就好像众工匠各持其技艺来自食其力一样。执技：持有技艺。食力：自食其力。⑱相：管理，掌管。举而加：提拔、推举并加以任用。指而使：指使并使用。条其纲纪：梳理法度。条，梳理的意思。盈缩：指增减。齐其法制：统一法律制度。齐，相同，相等。整顿：整治。『犹梓人』句：就好像木匠有圆规方矩、引绳墨线来确定尺寸法式一样。定制：定下制作的规矩、方法。⑲择：挑选，选择。称：符合，相当。居：蓄养。视都知野：观察都市而知道乡野。视，观察。视野知国：观察乡野而知道一个国家。远迩（ěr）：远近。迩，近。细大：大小。据：用手按着。究：考察。『犹梓人』句：如同木匠把房屋的平面图画在墙上而建成房子一样。绩：成。⑳进：出仕，做官。由：任用。使无所德：使他无所谓报德、感激。退而体之：指引退、辞退官员。愠（yùn）：生气。衒能：炫耀才能。矜（jīn）名：夸耀名声。矜，夸耀。亲小劳：亲自去做细小具体的事务。侵众官：侵犯众多官员的职权。『日与』句：天天和天下杰出的英才讨论治理国家的大纲。『犹梓人』句：就好像是梓人善于运用众工匠的力量而不是自己去逞能一样。伐艺：夸耀技艺。伐，炫耀，夸耀。㉑『夫然后』句：之后掌握了做宰相的道理，而且可以治理好天下万国。夫：发语词，无义。然后：之后，而后。相道：做宰相的道理。而：而且，并且。理：治理。举首而望：抬起头来仰望。㉒后之人：后世的人。循迹而慕：追寻先人的事迹且敬仰。或：有时。殷：指商朝。周：指周朝。伊：伊尹，商汤时的名相，曾协助商汤攻灭桀建立商朝。傅：傅说，商朝后期武丁的名相，曾辅佐武丁中兴商朝。周：周公，周武王的弟弟周旦，他辅佐武王、成王两朝，平定内乱，建立典章制度，巩固了周朝的统治。召：指召公姬奭（shì），曾协助武王灭商，被封于燕，成王时与周公一同辅政。执事：指各部门的专职人员。纪：记载。『犹梓人』句：就像是梓人把自己的名字题在大梁上表功，而那些动手操劳的工匠们却榜上无名一样。名：题名。执用者：操作效劳的人。列：陈列，排列。㉓大哉：真是大啊！通：通晓，懂得。是道：这个道理。『其不』句：那些不识大体、不懂要领的人却正好相反。体要：大体，纲要。㉔以恪勤为功：以恭敬勤恳为功绩。以簿书为尊：以处理公文案牍为尊要。衒能矜名：炫耀自己的才能，夸耀自己的名声。窃取：非分占有。听（yǐn）听：本指笑声，这里指喧哗声。府庭：官府庭堂。遗：抛弃。『所谓』句：这就是所说的不懂得当相的方法的人啊。㉕『犹梓人』句：就像是木匠不知道墨线的曲直、规矩的方圆、尺寸的长短一样。『姑夺』句：姑且夺过众匠人的斧凿刀锯，去辅助他们施工。姑：姑且，暂且。备：充数，充任。『以至』句：以至于败坏了建成房屋的效用而一无所成啊！绩用：功绩的效用。谬：谬误，差错。㉖或：有人。主：主人。为室者：指建房子的人。倘：倘若。私智：个人的见解和主张。牵制：指受约束。虑：思考，谋划。『夺其』句：夺去他们世代相守的经验技艺，却去请教往来过路人的意见来采用。道谋：指向过路人求谋。虽：尽管。其：他的。亦：也。任之：任用他。㉗不然：不是这样。诚陈：的确放在那儿。诚，的确，确实。设：陈列，设置。抑而下：指压低。张而广：指放宽。由我：按我的设计去做。圮（pǐ）：毁坏。㉘『彼将』句：房主人如若愿意舍弃房子的牢固而接受倒塌的现实。将：如果，如若。去固：舍弃坚固。去，这里意为放弃、丢弃。就：接受。圮：毁坏。卷：束裹。术：指技艺。默：沉默不语。悠尔：自得的样子。是：这。诚：的确，确实。良梓人：好木匠。㉙『其或』句：或许有些木匠贪图钱财。其或：或许，大概。嗜：喜好。货利：指钱财。忍：忍受，克制。舍：离开。丧：丧失。制量：指规划标准。屈：屈服，屈折。不能守：不能坚持自己的主张。栋桡：形容屋梁脆弱。㉚『余谓』句：我认为做木匠的道理类似当宰相的道理。谓，认为。书：书写，记载。藏：收藏。审曲面势：指审查木料曲直、方圆、短长的势态，这里是形容总体设计。都料匠：负责房屋建筑的设计和指挥的总工匠。『潜』，其名：『潜』是他的名字，即名叫杨潜。

始得西山宴游记①

柳宗元

原文

自余为僇人，居是州，恒惴栗。其隙也，则施施而行，漫漫而游。日与其徒上高山，入深林，穷回溪，幽泉怪石，无远不到。②到则披草而坐，倾壶而醉；醉则更相枕以卧，卧而梦，意有所极，梦亦同趣。③觉而起，起而归。以为凡是州之山水有异态者，皆我有也，而未始知西山之怪特。④

今年九月二十八日，因坐法华西亭，望西山，始指异之。⑤遂命仆人过湘江，缘染溪，斫榛莽，焚茅茷，穷山之高而止。⑥攀援而登，箕踞而遨，则凡数州之土壤，皆在衽席之下。⑦其高下之势，岈然洼然，若垤若穴。尺寸千里，攒蹙累积，莫得遁隐。⑧萦青缭白，外与天际四望如一。然后知是山之特立，不与培塿为类；悠悠乎与颢气俱，而莫得其涯；洋洋乎与造物者游，而不知其所穷。⑨引觞满酌，颓然就醉，不知日之入。苍然暮色，自远而至，至无所见，而犹不欲归。⑩心凝形释，与万化冥合。然后知吾向之未始游，游于是乎始。⑪

故为之文以志。是岁，元和四年也。⑫

选自《柳河东集》卷二十九

注释

①西山：在今湖南省零陵西湘江外二里。宴游：游乐。②僇（lù）人：指受过刑罚的人。是州：这州，指永州。恒：经常，常常。惴栗（zhuìlì）：恐惧战栗。隙：闲暇。施（yí）施：行走舒缓的样子。漫漫：舒散而无拘无束的样子。其徒：指永州的同僚。回溪：萦回曲折的溪涧。③披草：分开草。倾壶：意为将壶中的酒全部倒出。更：复，再。相枕以卧：互相枕依而卧。『意有』二句：意念思想所想到的，梦中也会再次出现。极：达到极点，尽头。趣：同『趋』，往。④觉：睡醒。以为：认为。凡：大凡。异态：奇特的形状。而：就，因而。未始：不曾，从来没有。怪特：怪异奇特。⑤因：因为，由于。法华西亭：永州城内东山上有法华寺，柳宗元于元和四年（809）在寺西建亭，即法华西亭。指异：指点而称异。⑥染溪：潇水的

支流，一名冉溪，在永州西南。斫：砍。榛（zhēn）莽：指丛生的草木。茅茷（fá）：茅草茂盛。茷，草叶盛多。止：停留，止步。⑦攀援：抓住东西向上攀登。箕踞：坐地时两腿向前伸，形如簸箕；箕踞本来是一种不恭敬的姿势，这里是形容放松。遨：游逛。衽席：卧席。⑧势：态势。岈（xiā）然：形容山谷深邃的样子。洼然：形容谷底低下的样子。垤（dié）：土堆，小丘。穴：洞孔。尺寸千里：指登上高处远望，看着像尺寸之间，实则指顾千里。攒（cuán）蹙（cù）：密集。遁隐：隐匿。⑨萦青缭白：指地上草木缠绕的青色和天上白云缭绕的白色。际：接，合。是山：这座山。特立：与众不同。培塿（pǒulǒu）：指小土堆。类：同类。悠悠：形容渺远的样子。颢气：天地间的大气。俱：一样，相同。涯：边际。洋洋：形容广大的样子。造物者：指天地、自然。穷：尽。⑩引觞（shāng）满酌：举起酒杯斟满酒喝。引，举。觞，酒杯。颓（tuí）然：倒歪的样子。就：归于，趋向。入：指日落。苍然：暗青色的样子。无所见：没有所能看见的东西。⑪心凝形释：思想凝结了，身体解脱了。指一种超然忘我的境界。万化：万物。冥合：指浑然一体。向（xiàng）：过去，从前。未始：未曾，从来没有。是：这。⑫志：记述，记载。是岁：这一年。元和四年：唐宪宗的年号，指公元809年。

钴鉧潭西小丘记①

柳宗元

原文

得西山后八日，寻山口西北道二百步，又得钴鉧潭。潭西二十五步，当湍而浚者为鱼梁。②梁之上有丘焉，生竹树。其石之突怒偃蹇、负土而出、争为奇状者，殆不可数。③其嵚然相累而下者，若牛马之饮于溪；其冲然角列而上者，若熊罴之登于山。④

丘之小不能一亩，可以笼而有之。问其主，曰：『唐氏之弃地，货而不售。』⑤问其价，曰：『止四百。』余怜而售之。李深源、元克己时同游，皆大喜，出自意外。⑥即更取器用，铲刈秽草，伐去恶木，烈火而焚之。嘉木立，美竹露，奇石显。⑦由其中以望，则山之高，云之浮，溪之流，鸟兽之遨游，举熙熙然回巧献技，以效兹丘之下。⑧枕席而卧，则清泠之状与目谋，瀯瀯之声与耳谋，悠然而虚者与神谋，渊然而静者与心谋。⑨不匝旬而得异地者二，虽古好事之士，或未能至焉。⑩

噫！以兹丘之胜，致之沣、镐、鄠、杜，则贵游之士争买者，日增千金而愈不可得。⑪今弃是州也，农夫渔父过而陋之，贾四百，连岁不能售。⑫而我与深源、克己独喜得之，是其果有遭乎！书于石，所以贺兹丘之遭也。⑬

选自《柳河东集》卷二十九

注释

①钴鉧（gǔmǔ）：潭名，在永州西五里，潇水支流冉溪的一支。唐宋时以『钴鉧』或『钴⿰钅莽』称熨斗，因潭的形状像熨斗而得名。②得：寻得。寻：沿着，顺着。西北道：西北行；道，取道，行。当：在。湍（tuān）：水势很急。浚：深。鱼梁：一种捕鱼设置：用土石横截水流，留缺口，把笱放在缺口处，鱼随水进入后就出来不了了。这里是指『潭西二十五步』这个地方像鱼梁。③梁：指鱼梁，形状像桥的捕鱼小堤。『其石』二句：那丘上的石头，有的突出高耸，有的屈曲俯伏，背负土而耸出，争奇斗怪的，几乎多得数不

清。突怒：高出耸起的样子。偃蹇（jiǎn）：屈曲的样子。负土而出：指露在泥土外面。殆（dài）：大概，恐怕。④嵚然相累：高峻的山峰层层相叠。若：好像。冲然角列：像兽角斜列般突起。冲然，突起的样子。罴（pí）：熊的一种，也叫马熊或人熊。⑤不能：不得，不容。可以：可，能。笼：装进笼子。弃：放弃。货而不售：指已经标价出售但还没卖出。⑥止：仅仅，只是。怜：怜悯。售：买。时：当时。出自意外：指觉得是个意外的收获。⑦即：随即。更：又，另。器用：器具。铲刈（yì）：指铲除和割断。秽草：杂草。恶木：不成材的杂木。焚：烧。嘉木：好树。显：显露。⑧由：自，从。遨游：游玩，游乐。举：全，都。熙熙然：和乐的样子。回巧献技：运用技巧，呈献绝技。效：呈献。兹丘：这座小丘。⑨清泠（líng）之状：天空清澈明净的样子。泠，清凉。谋：谋合，相接。瀯瀯之声：指泉水的声音。悠然而虚：悠远而空阔的境界。神：指精神和意识。渊然而静：深邃而幽静的境界。⑩不匝旬：不满一旬。匝，周遍，满。异地：奇异的境地。二：指钴鉧潭和小丘两处。虽：纵使，即使。好事之士：这里指喜欢山水的人。或：或许。至：到。⑪胜：美好，优美。致：把……加到身上。引申为搬到、放到。沣（fēng）：古地名，在今陕西户县东，为周文王建都的地方。镐（hào）：镐京，在今陕西西安西南，西周王朝都城。鄠（hù）：汉代上林苑所在地，在今陕西户县。杜：杜陵，在今西安东南。贵游之士：指豪门贵族游乐的人。日增千金：指价格一路看涨。愈：越，更加。⑫弃：抛弃，放弃。是州：这个州。陋：鄙陋，看不上。贾（jià）：价钱，价格。连岁：连年。售：卖出。⑬独：偏偏。是：这个。其：它，这里指小丘。遭：际遇。书：书写，记载。

至小丘西小石潭记①

柳宗元

原文

从小丘西行百二十步，隔篁竹，闻水声，如鸣珮环，心乐之。伐竹取道，下见小潭，水尤清洌。②全石以为底，近岸，卷石底以出，为坻为屿，为嵁为岩。青树翠蔓，蒙络摇缀，参差披拂。③

潭中鱼可百许头，皆若空游无所依。日光下澈，影布石上，佁然不动，俶尔远逝，往来翕忽，似与游者相乐。④

潭西南而望，斗折蛇行，明灭可见。其岸势犬牙差互，不可知其源。⑤坐潭上，四面竹树环合，寂寥无人，凄神寒骨，悄怆幽邃。⑥以其境过清，不可久居，乃记之而去。⑦

同游者：吴武陵、龚古、余弟宗玄。隶而从者：崔氏二小生，曰恕己，曰奉壹。⑧

选自《柳河东集》卷二十九

注释

①小丘：指前文的钴鉧潭西小丘。石潭：指石上的水潭。潭，深水，深渊。②篁竹：竹的一种，体圆而质坚，大的可做船篙，细的可制笛。珮环：玉珮。乐：喜悦，快乐。伐竹取道：砍伐竹子开辟道路。清洌：清澈。③全石：整块石头。坻（chí）：水中的小洲或高地。屿：小岛。嵁（kān）：指不平整的山岩。翠蔓：草木翠绿蔓生。蒙络：草木缠绕，形容茂密的样子。摇缀：飘荡相连的样子。参差：长短、高低不齐的样子。披拂：吹拂，飘动。④可：大约。百许头：一百多条。许，表约计的数量。若：如同，好像。空游无所依：好像

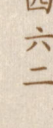

在空中没有所依托的东西在游动。澈：穿过，透。布：分布，散布。佁（yǐ）然：静止的样子。俶（chù）尔：同『倏（shū）尔』，忽然。翕（xī）忽：疾速的样子。⑤斗折：形容溪流像北斗七星一样曲折。蛇行：形容溪流像游蛇爬行一样蜿蜒。明灭可见：指能看见时隐时现、忽明忽暗的溪水。势：姿势，态势。差互：交错的样子。⑥环合：环绕围合。寂寥：寂静。凄神寒骨：使心境感到悲凉，使骨肉感到寒冷。悄怆（qiǎochuàng）：冷清的样子。幽邃（suì）：深远的样子。⑦以：因为，由于。过：过于。清：清冷。居：停留。乃：于是，就。记：记述。去：离开。⑧吴武陵：信州（今江西上饶西北）人，因事流放永州。龚古：不详。宗玄：柳宗元的堂弟柳宗玄。隶：依附。从：随从。崔氏二小生：指柳宗元姐夫崔简的两个儿子。小生，少年。

阿房宫赋①

杜牧

作者简介

杜牧（803~852），字牧之，号樊川居士，京兆万年（今陕西西安）人，宰相杜佑的孙子。文宗大和二年（828）进士，任弘文馆校书郎。曾为沈传师江西观察使、宣歙观察使及牛僧孺淮南节度使幕僚。曾担任过监察御史，膳部、比部及司勋员外郎，黄州、池州、睦州、湖州刺史等职。最终官至中书舍人。因晚年定居在长安南的樊川别墅，后世称他『杜樊川』。著有《樊川文集》。

原文

六王毕，四海一。蜀山兀，阿房出。覆压三百馀里，隔离天日。②骊山北构而西折，直走咸阳。二川溶

溶，流入宫墙。五步一楼，十步一阁；廊腰缦回，檐牙高啄；各抱地势，钩心斗角。③盘盘焉，囷囷焉，蜂房水涡，矗不知其几千万落。长桥卧波，未云何龙？复道行空，不霁何虹？④高低冥迷，不知西东。歌台暖响，春光融融；舞殿冷袖，风雨凄凄。一日之内，一宫之间，而气候不齐。⑤

妃嫔媵嫱，王子皇孙，辞楼下殿，辇来于秦。朝歌夜弦，为秦宫人。⑥明星荧荧，开妆镜也；绿云扰扰，梳晓鬟也；渭流涨腻，弃脂水也；烟斜雾横，焚椒兰也；雷霆乍惊，宫车过也；辘辘远听，杳不知其所之也。⑦一肌一容，尽态极妍，缦立远视，而望幸焉。有不得见者，三十六年。⑧燕、赵之收藏，韩、魏之经营，齐、楚之精英，几世几年，剽掠其人，倚叠如山。一旦不能有，输来其间。⑨鼎铛玉石，金块珠砾，弃掷逦迤，秦人视之，亦不甚惜。⑩

嗟乎！一人之心，千万人之心也。秦爱纷奢，人亦念其家。奈何取之尽锱铢，用之如泥沙！⑪使负栋之柱，多于南亩之农夫；架梁之椽，多于机上之工女；钉头磷磷，多于在庾之粟粒；瓦缝参差，多于周身之帛缕；⑫直栏横槛，多于九土之城郭；管弦呕哑，多于市人之言语。使天下之人，不敢言而敢怒。独夫之心，日益骄固。⑬戍卒叫，函谷举；楚人一炬，可怜焦土！⑭

呜呼！灭六国者六国也，非秦也。族秦者秦也，非天下也。嗟夫！使六国各爱其人，则足以拒秦；使秦复爱六国之人，则递三世可至万世而为君，谁得而族灭也！⑮秦人不暇自哀，而后人哀之；后人哀之而不鉴之，亦使后人而复哀后人也。⑯

选自《樊川文集》卷一

注释

①阿房（páng）宫：秦始皇时开始建造，故址在今陕西西安西南阿房村。赋：古代一种文体的名称，汉代形成。赋讲究文采、韵节，兼具诗歌和散文的性质。②六王：指战国时除秦国之外的齐、楚、燕、赵、韩、魏六国国君。毕：完结，指被秦国灭亡。一：统一。兀：高而平。这里形容山的光秃，指为了修阿房宫，山上树木都被采伐尽了。出：出现，显露。覆压：覆盖倾压。③『骊山』二句：北由骊山构建阁道以通阿房宫，折而西直通咸阳。骊山：在陕西临潼东南，因山形似骊马，呈纯青色而得名。构：构筑。咸阳：秦国都城，故城址在今陕西咸阳东北。二川：指阿房宫附近的渭河和樊川。廊腰缦回：形容走廊曲折，像是缦带的萦回。缦，没有花纹的缯帛。檐牙高啄：形容屋檐尖耸，作禽鸟仰首啄物的样子。檐牙，屋檐突出在外的滴水瓦。抱：指环绕。钩心斗角：指楼阁与中心区相钩连，屋角对凑，状如相斗。④盘盘：曲折回旋的样子。囷（qūn）囷：曲折回旋的样子。『蜂房』二句：像蜂房一样密集的院落中，水流回旋，不知是几千万个高耸的檐前滴水装置导水所致。涡：水流回旋。矗（chù）：高耸的样子。落：檐前的滴水装置。『长桥』二句：指水波上的长桥形状像卧龙。复道：楼阁间有上下两重通道而架空的就叫复道。霁（jì）：雨停。⑤冥迷：模糊不清。『歌台』二句：歌舞的楼台上繁弦急管，呈现一种热闹的气氛，就像春意融融。暖：指乐声给人的感觉。融融：和乐的样子。凄凄：寒凉的样子。齐：一致，相同。⑥妃：专指皇帝的妾，太子、王侯的妻。嫔（pín）：古代宫廷中帝王的侍妾。媵（yìng）：指随嫁的妾。嫱（qiáng）：宫廷中位次于妃的帝王侍妾。王子：帝王的儿子。皇孙：皇帝的孙子。『辞楼』二句：宫女王族们被俘虏，离开了本国的楼殿，乘车来到了秦国。辇：以车运物。『朝歌』二句：朝朝暮暮，献歌奏琴，成为秦国宫殿里的

宫人。⑦荧荧：光芒闪烁的样子。开：打开，张开。妆镜：化妆用的铜镜。绿云：比喻女子浓密乌黑的头发。鬟（huán）：古代妇女的环形发髻。『渭流』二句：渭河上漂着宫女们化妆用的油脂、油腻，就像是河水上涨，其实都是宫中倒弃的胭脂水。椒兰：花椒和兰草，都是芳香的东西。雷霆：比喻声势。辘辘：车行声。杳（yǎo）：无踪影的样子。所之：所去的地方。之，去到。⑧尽态极妍：使仪态艳质极尽地显示出来。缦立：延伫，久立。望幸：盼望皇帝亲临宠幸。『有不得见』二句：幽闭在宫中的宫女，有的终身都见不到皇帝。三十六年：指秦始皇在位三十六年。⑨燕、赵：指战国时的燕国和赵国。收藏：收聚储存。韩、魏：指战国时的韩国和魏国。经营：筹划料理。齐、楚：指战国时的齐国和楚国。精英：精华。剽掠：掠夺。其人：那些国家的人民。倚叠：靠积累。『一旦』二句：有一天国破城亡，不能占有这些财富，于是送进了阿房宫。输：输送。⑩鼎：古代传国的重器，用青铜制成，有三个脚。铛：温酒器。砾：小石，这里指小块玉石。弃掷：抛弃。逦迤（lǐyǐ）：绵延的样子。⑪嗟乎：感叹词，相当于现在的『唉』。一人：指帝王。纷奢：繁盛奢华。『奈何』二句：为什么掠取的时候锱铢必较，而滥用的时候又挥霍如泥沙呢？锱铢（zīzhū）：古代称一两的二十四分之一叫铢，六铢为锱。锱铢，指微小的数量或重量。⑫负栋之柱：指承载屋栋的柱子。椽（chuán）：椽子，放在檩子上架屋瓦的木条。机：织机。磷磷：色彩鲜明的样子。庾（yǔ）：指露天粮仓。粟粒：粮食。帛缕：纺织品衣服。⑬栏：栏杆。槛：栏杆。九土：九州。呕哑（ōuyā）：象声词，这里指管弦发出的乐声。独夫：贪婪残暴、不得人心的君主，这里指秦始皇。骄固：骄傲顽固。⑭戍卒：戍守边疆的士兵，这里指被征戍的陈胜、吴广等。函谷：函谷关，在今河南灵宝。举：攻占，攻取。『楚人』二句：楚人项羽一把大火，可怜阿房宫化为一片焦土。楚人：指项羽，为楚将军项燕的后代，公元前206年，项羽攻入咸阳，焚烧秦国宫殿，大火三月不灭。⑮族秦：灭掉秦的宗族，即亡秦。拒：抵御。复：恢复。递：依次，顺序。可至万世而为君：意为能传万世并成为君王。⑯不暇：没有空，来不及。自哀：自己哀伤。而：却。后人：秦朝灭亡之后的人。鉴：借鉴。『亦使』句：这也使得后世的人反复哀伤后人啊。前一个『后人』是『后人』的『后人』，后一个『后人』指秦亡国后的后人。

李贺小传①

李商隐

作者简介

李商隐（813～858），字义山，号玉溪生，怀州河内（今河南沁阳）人，晚唐著名诗人。开成二年（837）进士，授秘书省校书郎，补弘农尉。当时牛、李党争剧烈，李商隐无辜被卷入，政治上受排挤，一生困顿失意。李商隐以诗歌著名，尤其是一些爱情诗和无题诗，写得缠绵悱恻。李商隐的诗构思新奇，想象丰富，情致婉曲，讲究词藻，多用典故，形成典雅绵密的风格。其诗歌收录在《李义山诗集》中，其散文后人辑有《樊南文集》和《樊南文集补编》。

原文

京兆杜牧为《李长吉集序》，状长吉之奇甚尽，世传之。长吉姊嫁王氏者，语长吉之事尤备。②

长吉细瘦，通眉，长指爪。能苦吟疾书，最先为昌黎韩愈所知。③所与游者：王参元、杨敬之、权璩、崔植辈为密。④每旦日出与诸公游，未尝得题然后为诗，如他人思量牵合以及程限为意。⑤恒从小奚奴，骑距驉，背一古破锦囊，遇有所得，即书投囊中。[6]及暮归，太夫人使婢受囊出之，见所书多，辄曰：『是儿要当呕出心始已耳！』[7]上灯与食，长吉从婢取书，研墨叠纸足成之，投他囊中。非大醉及吊丧日，率如此，过亦不复省。[8]王、杨辈时复来探取写去。长吉往往独骑往还京、洛，所至或时有著，随弃之，故沈子明家所馀，四卷而已。[9]

长吉将死时，忽昼见一绯衣人，驾赤虬，持一版，书若太古篆或霹雳石文者，云：『当召长吉。』[10]长吉了不能读，欻下榻叩头言：『阿㜷老且病，贺不愿去。』绯衣人笑曰：『帝成白玉楼，立召君为记。天上差乐不苦也。』[11]长吉独泣，边人尽见之。少之，长吉气绝。常所居窗中，勃勃有烟气，闻行车嘒管之声。[12]太夫人急止人哭，待之，如炊五斗黍许时，长吉竟死。王氏姊非能造作谓长吉者，实所见如此。[13]

呜呼！天苍苍而高也，上果有帝耶？帝果有苑囿宫室观阁之玩耶？[14]苟信然，则天之高邈，帝之尊严，亦宜有人物文彩愈此世者，何独眷眷于长吉，而使其不寿耶？[15]噫！又岂世所谓才而奇者，不独地上少，即天上亦不多耶？[16]长吉生二十七年，位不过奉礼太常，时人亦多排摈毁斥之。又岂才而奇者，帝独重之，而人反不重耶？又岂人见会胜帝耶？[17]

选自《全唐文》卷七百八十

注释

①李贺：中唐时期独树一帜的著名诗人，号『诗鬼』，年少失意，郁郁而死。小传：简短的传记。②京兆：府名，唐开元元年（713）改雍州为京兆，治所在长安、万年（今西安）。杜牧：晚唐大诗人，京兆万年人。序：作序。状：描绘，描写。奇：奇特，奇妙。甚尽：很完备。世：世间，人世。备：完备，齐备。

③通眉：指两眉相连。长指爪：长指甲。苦吟：刻苦作诗。吟，诗歌。疾书：飞快书写。昌黎韩愈：韩愈，中唐著名文学家，常以其郡望昌黎（在今河北）自称，世称『韩昌黎』。④所与游者：与李贺所交游的人。王参元：元和二年（807）进士，濮阳（今属河南）人，有文才。杨敬之：杨凭从之子，元和二年进士，坐李宗闵党，贬连州刺史，所作《华山赋》，为韩愈推重。权璩（qú）：权德舆之子，元和二年（807）登进士第。崔植：崔祐甫之侄，长庆初（821）拜中书侍郎，同中书门下平章事，后坐事罢相，出为华州刺史。密：密切，亲近。⑤旦：早晨。『未尝』句：从不先出题目而后再作诗。思量牵合：这里指思考出一些诗句去凑合题意。程限为意：指把作诗的体式、韵脚等要求放在心上。程限，使人遵循的标准、界限。⑥恒：经常，常常。小奚奴：小童仆。距驉（xū）：即駏驉，指骡子。古破锦囊：古旧的破织锦口袋。书：书写。⑦及：到。太夫人：本指官僚豪绅的母亲，这里指李贺的母亲。受囊：接过口袋。辄：总是。『是儿』句：这孩子苦思冥想，是要吐出心来才罢休吗？是儿：这个孩子。要当：要将。已：停止，罢休。⑧从婢取书：向婢女要回书写的诗稿。足成之：补足成篇，指写成完整的诗篇。他囊：其他的袋子。吊丧日：到丧家吊唁的日子。率：大抵，大概，一般。省：察看，审察。⑨『王、杨』句：王参元、杨敬之等当时常来从袋中摸出诗稿，抄写后带走。复来：常来。探取写去：用手从袋中摸取诗稿，抄写后带走。探，用手摸取。去，离开。京：唐代京城长安（今陕西西安）。洛：洛阳（今属河南）。或：有时。著：写作。随：随手。沈子明：唐杜牧《李长吉歌诗叙》有『集贤院学士沈公子明』交给杜牧的李贺自编歌诗四编的记述。馀：剩余。⑩将死：临死。昼：白天。绯衣人：穿红色衣服的人。赤虬（qiú）：赤龙。虬，传说中的龙类动物。版：木版手板，笏一样的东西。若：好像。太古篆：远古时的篆文。霹雳石文：古代一种刻石文字。当召：正在

召。⑪了不能读：完全读不下来。欻（xū）：忽然。阿㜷（mí）：阿妈。㜷，古代齐人呼母为㜷。白玉楼：古代传说，天宫中有白玉台，为天帝居住的地方。这里以天帝新建白玉楼召李贺作记，成为后世称文人之死的典故。记：记述的文章。差乐：尚能快乐。差，大致，略。⑫边人：旁侧的人。少：一会儿。气绝：断气。勃勃：兴盛的样子。嘒（huì）管：指会发出乐声的管乐器。⑬待：等待。炊五斗黍许：大约煮熟五斗黍子的工夫。竟：彻底，完全。『王氏』句：姐姐王夫人不是能够虚构来说李贺的。造作：虚构，捏造。谓：谈，说。⑭果：果真，当真。帝：天帝。苑囿（yòu）：畜养禽兽的地方。宫室：宫殿堂室。观（guàn）阁：台榭阁楼。⑮苟：如果。信然：确实是这样。然，这样。高邈（miǎo）：高阔邈远。宜：应该，应当。愈：胜过，超过。眷眷：恋恋不舍的样子。不寿：不长寿，即短命。⑯噫：感叹词，表示哀痛、怜惜之情。岂：难道。世所谓：世间所说的。才而奇：有文才并且奇特。不独：不仅。⑰奉礼太常：李贺因避父名晋肃讳，不得参加进士考试，只做过太常寺的奉礼郎。排摈（bìn）：排斥。毁斥：诽谤。反：反而。重：敬重，重视。『又岂』句：这难道是世人的见解能超过天帝的见识吗？人见：世人的见解。会：能，擅长。

书褒城驿壁①

孙樵

作者简介

孙樵，生卒年不详，字可之，关东（泛指潼关以东的地区）人。大中九年（855）进士，任中书舍人。黄巢起义军入长安，随僖宗奔岐陇（陕西西部、甘肃东部），迁职方郎中。其散文以奇崛见长。清储欣将他

隔岸望山图　元·赵衷

此图为《张观等五家集绘卷》之一。近岸画坡石高树，参差错落，一人坐平坡上隔江遥望烟云笼罩的远山。坡前湖面宽阔浩渺，意境清幽。近树用笔精工细致，生动写实。对岸远山以简率的笔墨轻勾淡染，远树点笔为形，概括取象，给人以旷远迷离之感。人物形象虽小，造型却生动准确。全图用笔秀润，墨色淡雅。

列入『唐宋十大家』。著有《孙可之集》。

原文

褒城驿号天下第一。及得寓目，视其沼，则浅混而茅；视其舟，则离败而胶；庭除甚芜，堂庑甚残。乌睹其所谓宏丽者！②

讯于驿吏，则曰：『忠穆公尝牧梁州，以褒城控二节度治所。龙节虎旗，驰驿奔轺，以去以来，毂交蹄劘，由是崇侈其驿，以示雄大。③盖当时视他驿为壮，且一岁宾至者，不下数百辈，苟夕得其庇，饥得其饱，皆暮至朝去，宁有顾惜心耶！④至如棹舟，则必折篙破舷碎鹢而后止；渔钓，则必枯泉汩泥尽鱼而后止；至有饲马于轩，宿隼于堂。⑤凡所以污败室庐，糜毁器用，官小者，其下虽气猛，可制；官大者，其下益暴横，难禁。⑥由是日益破碎，不与曩类。某曹八九辈，虽以供馈之隙一二力治之，其能补数十百人残暴乎！』⑦

语未既，有老甿笑于旁，且曰：『举今州县皆驿也。吾闻开元中天下富蓄，号为理平，踵千里者不裹粮，长子孙者不知兵。⑧今者天下无金革之声，而户口日益破；疆埸无侵削之虞，而垦田日益寡，生民日益困，财力日益竭，其故何哉？⑨凡与天子共治天下者，刺史、县令而已，以其耳目接于民，而政令速于行也。[10]今朝廷命官，既已轻任刺史、县令，而又促数于更易；且刺史、县令，远者三岁一更，近者一二岁再更。故州县之政，苟有不利于民，可以出意革去其甚者，[11]在刺史，曰：「我明日即去，何用如此？」在县令，亦曰：「明日我即去，何用如此？」当愁醉醲，当饥饱鲜，囊帛椟金，笑与秩终。』[12]

呜呼！州县者，真驿耶！矧更代之隙，黠吏因缘恣为奸欺，以卖州县者乎！[13]如此，而欲望生民不困，财力不竭，户口不破，垦田不寡，难哉！予既揖退老甿，条其言，书于褒城驿屋壁。[14]

选自《三唐人集·孙可之集》卷三

注释

①书：书牍类的文体名，一般应用于私人间的告述。这是一篇讽刺的杂文。褒（bāo）城：唐属山南西道兴元府，在今陕西勉县。驿（yì）：驿站，古代供递送公文的人或来往官员暂住、换马的处所。②『褒城』句：褒城驿站被称为天下第一。这里指驿站的交通运输工具和驿站的房屋建筑规模。寓目：亲眼看到。沼：水池。浅混而茅：指水浅又浑浊，长满了茅草。离败：破碎。胶：像被粘住一样浮不起来。庭除：庭院。除，指门与屏风之间的地方。乌睹：哪里看得到。乌，哪里。③讯：询问。驿吏：古代管理驿站的官吏。『忠穆公』句：严震谥号忠穆。唐德宗时，严震任山南西道节度使，山南西道相当于古梁州之地，汉代州最高行政长官叫州牧，牧梁州即指担任山南西道节度使。『以褒城』句：褒城县北为褒谷山，山南口叫褒，山北口叫斜，又称褒斜谷，长四百多里，形势险要，这里控制山南西道节度使治所南郑县（今陕西汉中）和凤翔节度使治所天兴县（今陕西凤翔）。龙节虎旗：唐时，节度使奉命出镇，要到兵部辞行，赐双旌

双节。龙、虎，指节和旗上所画的图案。驰驿奔轺（yáo）：奔驰的驿马和轻便的马车。驿，驿马；轺，轻便的马车。毂交蹄劘（mó）：形容往来的车马非常多。毂，车轮中心的圆木，周围与车辐的一端相接，中间有圆孔，可以插轴。劘，磨。崇侈：高大宏敞。指超过一般驿站的规格。④『盖当时』句：在当时比其他的驿站雄壮。一岁：一年。岁，年。数百辈：数百人。苟：姑且，尚且。庇：遮蔽。宁：岂，难道。顾惜：爱惜。⑤至如：至于。棹舟：指用桨划船。折篙：折断撑船的篙竿。破舷：毁坏船边。碎鹢（yì）：碰碎船头。鹢，一种水鸟，古代船头常画鹢状作装饰。枯泉：使泉水枯涸。枯，使……枯涸。汩（gǔ）泥：把水底的泥土翻腾搅乱。尽鱼：把鱼全部捕捉。尽，全。饲马于轩：在轩台上喂马。轩，殿堂前屋檐下的平台。宿隼（sǔn）于堂：猎鹰栖息在驿馆的中堂。隼，鹰类猛禽。⑥污（wū）败：弄脏毁坏。靡（mǐ）毁：破碎毁灭。下：指随从人员。可制：能够制止。暴横：凶暴强横。⑦由是：因此。不与曩（nǎng）类：不像过去的样子。曩，从前，过去。类，相似。曹：驿馆的工作人员。供馈之隙：供应客人饮食的间隙。一二力：指少量的人力。残暴：指残酷的破坏。⑧未既：没有完毕。老甿（méng）：老农。『举今』句：现在所有的州县都像驿站一样。举：称引，提出。开元：唐玄宗年号，从公元713年到741年。富蓄：形容财物丰富，人口众多。理平：治平，太平。理，同『治』。踵：脚跟，这里为动词，相当于『行』。裹粮：携带干粮。长（zhǎng）子孙者：即长者。长，养。⑨金革之声：形容战争这类的事。金革，指军中钲鼓之类。户口：指有户籍的居民。破：耗损。这里指减少。疆埸（yì）：国界。侵削：因敌人入侵而被削夺了国土。虞：忧虑。垦田：戍边的士兵垦荒开出的田地。生民：即人民。故：原因。⑩刺史：唐代改郡县为府州，设刺史，为地方二级行政长官。县令：县的行政长官。耳目接于民：指视听接近百姓。刺史和县令是基层政权单位，

所以它们的行政长官是接近百姓的职位。政令：行政措施与法令。行：推行，实施。⑪命：指派，差遣。『既已』句：既然已经看轻任命刺史、县令的职位。轻：轻视，看轻。促数：短促而频繁。更易：更换。远：远地，边远地区。再更：第二次更换。政：政事。『苟有』二句：如果有不利于民的行为可能在意料之外，可以革除掉其中严重的人。可以：可，能。出意：超出意料，在意料之外。革去：革除掉。⑫当愁醉醲(nóng)：顺应地以浓酒醉愁。醲，厚味的酒。当饥饱鲜：顺应地吃下鲜美的肉食。鲜，肥鲜，指精美的肉食。囊帛：贮藏衣帛。囊，本指布袋，这里是贮藏的意思。椟(dú)金：聚敛金钱。椟，本指木柜，这里是聚敛的意思。秩：职位。⑬呜呼：表示伤感而感叹。『州县』二句：州县难道真的是驿馆吗？矧(shěn)：况，况且。更代之隙：指旧官、新官交替期间。『黠(xiá)吏』句：狡猾的驿吏们利用机会肆意去做奸佞欺诈的事，来欺骗州县的官员。因缘：利用机会。因，利用。恣为：肆意做坏事。卖：蒙蔽，欺骗。⑭生民不困：人民不窘迫贫困。财力不竭：财政物力不枯竭。户口不破：有户籍的居民人口不下降。垦田不寡：戍边垦荒的土地不减少。予：我。揖(yī)退：拱手行礼告退。揖，拱手行礼。条其言：整理他的话。书：书写，记载。

野庙碑①

陆龟蒙

作者简介

陆龟蒙(?~约881)，字鲁望，吴郡(今江苏苏州)人。举进士不第，曾任湖、苏二州从事，后隐居在松江甫里（今江苏吴县东南），自号江湖散人、甫里先生。他的小品文多愤世嫉俗，极富现实意义。著有《笠泽丛书》、《甫里集》。

原文

碑者，悲也。古者悬而窆，用木；后人书之，以表其功德，因留之不忍去，碑之名由是而得。[2]自秦、汉以降，生而有功德政事者，亦碑之；而又易之以石，失其称矣。[3]余之碑野庙也，非有政事功德可纪，直悲夫甿竭其力，以奉无名之土木而已矣。[4]

瓯越间好事鬼，山椒水滨多淫祀。其庙貌有雄而毅、黝而硕者，则曰将军；有温而愿、晳而少者，则曰某郎；[5]有媪而尊严者，则曰姥；有妇而容艳者，则曰姑。[6]其居处，则敞之以庭堂，峻之以陛级；左右老木，攒植森拱；萝茑翳于上，枭鸮室其间；[7]车马徒隶，从杂怪状。甿作之，甿怖之，走畏恐后。大者椎牛，次者击豕，小不下犬鸡。[8]鱼菽之荐，牲酒之奠，缺于家可也，缺于神不可也。一日懈怠，祸亦随作，耋孺畜牧栗栗然。[9]疾病死丧，甿不曰适丁其时耶！而自惑其生，悉归之于神。[10]

虽然，若以古言之，则戾；以今言之，则庶乎神之不足过也。[11]何者？岂不以生能御大灾、捍大患；其死也，则血食于生人。无名之土木，不当与御灾捍患者比，是戾于古也，明矣！[12]今之雄毅而硕者有之，温愿而少者有之：升阶级、坐堂筵、耳弦匏、口粱肉、载车马、拥徒隶者，皆是也。[13]解民之悬，清民之暍，未尝怵于胸中。[14]民之当奉者，一日懈怠，则发悍吏，肆淫刑，殴之以就事。较神之祸福，孰为轻重哉？[15]平居无事，指为贤良；一旦有大夫之忧，当报国之日，则佪挠脆怯，颠踬窜踣，乞为囚虏之不暇。[16]此乃缨弁言语之土木，又何责其真土木耶？故曰：以今言之，则庶乎神之不足过也。[17]

既而为诗，以乱其末：[18]土木其形，窃吾民之酒牲，固无以名；土木其智，窃吾君之禄位，如何可仪！[19]禄位颀颀，酒牲甚微，神之饗也，孰云其非？视吾之碑，知斯文之孔悲。[20]

选自《唐甫里先生文集》卷十八

注释

①野庙：指不知名的神庙。碑：即碑文，古代文体的一种。意在记述死者的功德。②悬而窆（biǎn）：指起并下葬。书：书写，记载。表：树立木、石作为标志以示表彰。因：于是，就。不忍去：不愿除去。由是：因此。③降：下传。功德：功业和德行。政事：施政办事。易：改变。失其称：失去了它称名的原意。④碑：写碑文。纪：记载。甿（máng）竭其力：农民竭尽全力。甿，指农夫。奉：供奉。土木：用土木雕塑而成的土人木偶之类的偶像。而已：罢了。⑤瓯越间：今浙江东南一带。事鬼：供奉、服事鬼。山椒：山顶。水滨：水边。淫祀：古代指不载于祀典的祭祀。这里指过分的祭祀。庙貌：指庙中神像。雄而毅：雄健刚毅。黝（yǒu）：黝黑。硕：大。将军：唐代时把上将军、大将军、将军并为环卫京师的武官及武散官。温而愿：宽厚谨善。皙（xī）：白皙。郎：这里指中央官署的文散官。⑥媪（ǎo）而尊严：老年妇女尊贵严肃。姥（mǔ）：指年老的妇人。妇而容艳：妇女艳丽的容貌。姑：古代通称妇女为『姑』。⑦敞：敞开。庭堂：厅堂，正室。陛级：升入神殿的阶级。攒（cuán）植森拱：意为密集地种植着的树木，枝条繁茂合围如拱。萝茑（niǎo）：泛指蔓生的植物。翳（yì）：遮蔽。枭鸮（xiāoxiāo）：指猫头鹰这类的猛禽。室：筑巢。⑧车马徒隶：指神庙两廊陈列的车马和奇形怪状的鬼卒。丛杂：杂乱，混杂。甿作之：指农民制

作了它们（指土木塑像）。走：奔向，趋向。椎（chuí）牛：杀牛来祭祀。椎，捶击，杀。击豕（shǐ）：宰杀猪。豕，猪。⑨鱼菽之荐：用鱼、豆作祭祀的进奉。菽，豆类的总称。荐，进奉。牲酒之奠：用家禽和酒来祭祀神。牲，家畜。奠，用酒食祭祀神。随作：随即起来。耋（dié）孺：老幼。耋，指七八十岁的老人。畜牧：指饲养牛羊鸡豕供祭祀。栗栗然：恐惧貌。⑩『疾病』二句：生病死亡，农夫不说是正好碰到这个时候啊。甿：农民。丁：当。『而自』二句：农夫不明白人生总不免有死丧疾病的道理，认为都是神降下惩罚导致的。自惑其生：自己疑惑他们的人生。悉：全，都。归：归附。⑪虽然：虽然这样，即使这样。若：假如。戾（三）：乖戾，不合事理。『则庶乎』句：或许不应该责怪神啊。事实上是说，还有应该责怪的事呢。庶乎：或许，大概。不足：不值得。过：加罪。⑫何者：为什么。岂：难道。不以：不是因为。御：抵挡，阻止。捍大患：抵御大灾大祸。患，祸害，灾难。血食于生人：为人们所奉祀。血食，以牲祭神。生人，人民。『不当』句：不应该与抵挡灾害、抵御祸难的人来作比较。是：这。指现实的情况。戾：乖戾，不合事理。明：明了，清楚。⑬『今之』二句：现在雄健刚毅而硕大的人是有的，宽厚谨善而年少的人也是有的。阶级：台阶。堂筵：朝堂的酒席。弦匏（páo）：指弦乐和笙竽之类的乐器。粱肉：指精美的食物。载：乘坐。拥：拥有。⑭解民之悬：解除人民的困苦。清民之暍（yē）：清凉百姓的暑热。喻指解除人民的痛苦。暍，中暑。未尝：从来没有，从不。怵（chù）于胸中：贮藏在心中。怵，作『贮』。⑮当奉者：应当供奉的。发：派遣，派出。肆淫刑：放纵过分的刑罚，指滥施刑罚。殴：击打。就事：前往处理事情。较：比较。⑯平居无事：平时无事。平居，平时，平素。大夫之忧：臣子的忧虑，指国家发生危难。大夫，古代对臣子的通称。佪挠：踌躇不前。脆怯：懦弱胆怯。颠踬（zhì）：倾仆。窜（cuān）踣（bó）：狼狈奔逃。

『乞为』句：请求做俘虏都恐怕来不及。⑰『此乃』句：这就是穿着官服会说话的土人木偶呀。缨弁：官吏的服饰。缨，冠带；弁，冠。责：责备，责罚。『以今』二句：从现在来说，大概不值得加罪于神吧。之：提宾标志，无实义。庶乎：或许，大概。不足过：不值得加罪。⑱既而：随后。乱：乐曲的末章。末：末尾。⑲形：外形。窃：非分占有。酒牲：酒食。固：本来。智：智力。仪：法度，准则。⑳颀颀：形容美好而多。飨（xiǎng）：指鬼神享用祭品。孔悲：非常悲伤。孔，表程度，甚，非常。

卷十 宋文一

待漏院记[1]

王禹偁

作者简介

王禹偁（954~1001），字元之，济州钜野（今属山东）人。宋太宗太平兴国八年（983）进士。曾任右拾遗、左司谏、知制诰、翰林学士等职，针对边事、朝政，都提出了自己的意见，切中时弊。性情耿直，遇事敢言，为流俗所不容。曾三次遭受贬谪，作《三黜赋》来表明自己的志向，末尾写道：『屈于身而不屈于道兮，虽百谪而何亏！』他反对宋初的浮华文风，提倡『韩柳文章李杜诗』。他是宋初诗文改革的先驱之一，他的作品内容充实，极富现实意义，质朴清新，深切感人。著有《小畜集》。

原文

天道不言，而品物亨、岁功成者，何谓也？[2]四时之吏，五行之佐，宣其气矣。[3]圣人不言，而百姓亲、万邦宁者，何谓也？[4]三公论道，六卿分职，张其教矣。[5]是知君逸于上，臣劳于下，法乎天也。[6]古之善相天下者，自咎、夔至房、魏，可数也。[7]是不独有其德，亦皆务于勤尔。况夙兴夜寐，以事一人，卿大夫犹然，况宰相乎！[8]

朝廷自国初因旧制，设宰臣待漏院于丹凤门之右，示勤政也。[9]至若北阙向曙，东方未明，相君启行，煌煌火城。[10]相君至止，哕哕銮声。金门未辟，玉漏犹滴，撤盖下车，于焉以息。[11]

待漏之际，相君其有思乎？[12]其或兆民未安，思所泰之；[13]四夷未服，思所来之；[14]兵革未息，何以弭之；[15]田畴多芜，何以辟之；[16]贤人在野，我将进之；佞臣立朝，我将斥之；[17]六气不和，灾眚荐至，愿避位以禳之；[18]五刑未措，欺诈日生，请修德以厘之。[19]忧心忡忡，待旦而入。[20]九门既启，四聪甚迩。[21]相君言焉，时君纳焉。皇风于是乎清夷，苍生以之而富庶。[22]若然，总百官，食万钱，非幸也，宜也。[23]

其或私仇未复，思所逐之；旧恩未报，思所荣之；子女玉帛，何以致之；[24]车马器玩，何以取之；奸人附势，我将陟之；[25]直士抗言，我将黜之；[26]三时告灾，上有忧色，构巧词以悦之；[27]群吏弄法，君闻怨言，进谄容以媚之。[28]私心慆慆，假寐而坐。[29]九门既开，重瞳屡回。[30]相君言焉，时君惑焉。[31]政柄于是乎隳哉，帝位以之而危矣！[32]若然，则死下狱，投远方，非不幸也，亦宜也。[33]

是知一国之政，万人之命，悬于宰相，可不慎欤！复有无毁无誉，旅进旅退，窃位而苟禄，备员而全身者，亦无所取焉！[34]

棘寺小吏王某为文，请志院壁，用规于执政者。[35]

选自《小畜集》卷十六

注释

①待漏院：宰相与百官在皇城门外等候早朝的地方。漏，漏壶，又名漏刻，刻漏，古代一种滴水计时器。待漏，等待漏壶中的水滴完门开了然后入朝。②天道：上天化育万物之道。品物：万物，各种物色。亨：亨通顺利。这里指各得其所，顺利成长。岁功：一年的农业收获。③四时：四季。吏：官吏，喻主宰之神。古人认为，万事万物，皆由相关神灵主宰。五行（xíng）：指金、木、水、火、土五种物质形态。佐：

官吏的副职。这里义同『吏』。宣：疏导，使畅通。气：元气，古代把这当作万物生命的本原。④圣人：这里指圣明的皇帝。万邦：这里指各地区、各州县。邦，指古代诸侯封国。⑤三公：朝廷最高级官员。道：治国方法。六卿：泛指朝廷各部长官。张：弘扬，宣扬。教：教化，教令。⑥逸：安逸，安闲。指不操劳具体事务。法乎天：效法于天道。⑦相：辅佐。相天下：辅佐皇帝治理天下。咎（gāo）：咎繇（yáo），又作皋陶（yáo），舜时掌控刑法的大臣。夔（kuí）：舜时主管音乐和教育的大臣。房、魏：指房玄龄、魏征，唐太宗时的宰相。数：清楚计数。⑧夙（sù）兴：早起。夜寐（mèi）：晚睡。一人：指皇帝。卿大夫：这里泛指一般中高级官吏。宰相：古代辅佐君主总揽政务的高官，为百官之首。⑨国初：这里指宋朝初年。因：沿袭。旧制：这里指唐朝原来的制度。丹凤门：宋朝国都汴京（今河南开封）皇城的正南门。示勤政：表示群臣应勤勉于政务。⑩北阙（què）：指朝廷宫殿。坐北朝南，接受群臣朝拜，故称『北阙』。阙，宫殿前的望楼，左右各一，是皇宫的标志，借指朝廷。向曙：天将亮。相君：对宰相的敬称。煌煌：非常明亮的样子。火城：早朝时，宰相所到之处，无数烛笼围绕，因此当时的人把这叫做『火城』。哕（huì）哕：象声词。有节奏的铃声。銮：銮铃，古代车乘的马铃。⑪金门：金马门，汉代宫门名，因旁有铜马而得名。这里借指宋朝宫门。辟：开。玉漏：镶金饰玉的华贵漏壶。盖：车盖。焉：此，这。指待漏院。⑫其：大概，将会。⑬兆：数词。古代说法不一，有的说百万，有的说十亿、万亿，表示极其多。兆民：指天下百姓。所：虚指下边动作、措施的具体方式或情况，相当于『如何』、『怎样』。泰：使……安定。⑭四夷：泛指四方少数民族。服：归顺。来（lài）：招抚，使归顺。⑮兵革：兵器衣甲的总称。这里借指战争。革，这里指用皮革制的甲（战士护身衣）。弭（mǐ）：消除。⑯田畴（chóu）：已耕作的田地。辟：开辟，开垦。

⑰佞（nìng）臣：善于花言巧语的奸臣。斥：罢退，驱逐。⑱六气：指自然变化的阴、阳、风、雨、晦、明这六种气象。不和：不和谐，不正常。灾眚（shěng）：灾害。眚，本指眼睛生翳，后来引申为日蚀。我国古代把日蚀当作灾异。荐至：频繁发生。避位：辞去相位。禳（ráng）：祭祷消灾。⑲五刑：五种刑罚。各代所定的不一样，最早的说法是：墨（用刀刺刻面额并染成黑色）、劓（音yì，割鼻）、剕（音fèi，砍脚）、宫（残害生殖器）、大辟（死刑）。措：废置。厘（lí）：治理。⑳忡（chōng）忡：忧虑不安的样子。旦：天亮。㉑九门：古制，天子所居九门。四聪：指天子对四方消息的听闻。迩（ěr）：近。这里意为及时、方便。㉒时君：当时的皇帝。纳：采纳。皇风：指朝廷的政治风气。清夷：清明公平。苍生：黎民百姓。㉓总：统领。食万钱：享受丰厚的俸禄。幸：侥幸。宜：理所当然。㉔子女：指可做奴仆与婢妾的年轻男女。帛（bó）：丝织物的总称。致：获得。㉕陟（zhì）：提拔，进用。㉖抗言：直言不屈。黜（chù）：贬退，罢免。㉗三时：指春、夏、秋这三个农事季节。告灾：下面反映灾情。上：指君主。㉘弄法：歪曲法律，制造冤假错案。谄（chǎn）：巴结奉承。媚：讨好。㉙慆（tāo）慆：长久，过度。假寐（mèi）：似睡非睡，闭目养神。㉚重瞳（tóng）：据说舜的眼睛有两个瞳仁，这里借指君主的眼睛。屡回：屡屡回顾注目。意思是说希望宰相进言。㉛惑：迷惑，被误导。㉜政柄：政权。隳（huī）：毁坏。㉝投：贬谪，流放。㉞旅进旅退：与众人共进共退，随大流，无所建树。旅，众人。苟禄：苟且受禄。备员：充数。全身：保全身价性命。取：可取，值得肯定。㉟棘寺：大理寺的别称，古代掌刑狱的最高官署。小吏：这里是作者对自己职位的谦称。某：自称。志：记（书写）。规：规谏。

黄冈竹楼记①

王禹偁

原文

黄冈之地多竹，大者如椽。②竹工破之，刳去其节，用代陶瓦。③比屋皆然，以其价廉而工省也。④子城西北隅，雉堞圮毁，蓁莽荒秽，因作小楼二间，与月波楼相通。⑤远吞山光，平挹江濑，幽阒辽夐，不可具状。⑥夏宜急雨，有瀑布声；冬宜密雪，有碎玉声。宜鼓琴，琴调和畅；宜咏诗，诗韵清绝；宜围棋，子声丁丁然；宜投壶，矢声铮铮然：皆竹楼之所助也。⑦

公退之暇，被鹤氅衣，戴华阳巾，手执《周易》一卷，焚香默坐，消遣世虑。⑧江山之外，第见风帆沙鸟、烟云竹树而已。⑨待其酒力醒，茶烟歇，送夕阳，迎素月，亦谪居之胜概也。⑩

彼齐云、落星，高则高矣，井榦、丽谯，华则华矣，止于贮妓女，藏歌舞，非骚人之事，吾所不取。⑪

吾闻竹工云：『竹之为瓦，仅十稔，若重覆之，得二十稔。』⑫噫！吾以至道乙未岁，自翰林出滁上，丙申移广陵，丁酉又入西掖，戊戌岁除日，有齐安之命，己亥闰三月到郡。⑬四年之间，奔走不暇，未知明年又在何处，岂惧竹楼之易朽乎！后之人与我同志，嗣而葺之，庶斯楼之不朽也。⑭

咸平二年八月十五日记。

选自《小畜集》卷十七

注释

①黄冈：旧县名，在今湖北，唐宋时为黄州治所。②椽（chuán）：房椽，椽子。我国传统房屋建筑的

构件，安在梁上的木条，用来承载顶面和瓦片。③刳（kū）：剖开而剔除。④比：并列，紧挨着。屋：指各家各户的房屋。皆然：都是这样。然，这样。⑤子城：大城所附小城，多在城门周围，用来加强城防。隅（yú）：角落。雉堞：城上矮墙，上呈齿状。又称女墙。圮（pǐ）：毁坏，坍塌。蓁（zhēn）莽：荆棘杂草丛生。蓁，通『榛』。荒秽（huì）：荒芜。月波楼：黄州城西北角城楼。⑥远吞山光：远望可将山色尽收眼底。平挹（yì）江濑（lài）：平视江水就在眼前，好像伸手就能舀起来一样。挹，舀，汲取。濑，沙石上的急流。这里指江边流水。阒（qù）：寂静。夐（xiòng）：远。具状：全部描绘出来。具，都。状，动词，描绘。⑦宜：适合。鼓琴：弹琴。诗韵：诗的韵味、情趣。丁（zhēng）丁：象声词。投壶：古代常常在宴会间举行的一种游戏，参与者向壶中投箭，投中的为胜利，输了的就喝酒。壶，类似壶的游戏工具。矢：类似箭的游戏工具。铮（zhēng）铮：象声词。⑧公退：办完公务回来。被：同『披』。鹤氅（chǎng）：用鸟羽编织的大衣。后专指道服。华阳巾：道冠。《周易》：即《易经》，儒家经典之一，同时受道家推崇。⑨第见：但见，只见。风帆沙鸟：风中船帆，沙滩水鸟。⑩酒力醒：酒劲过去。茶烟：烹茶炉火的烟气。素月：皎洁的月色。谪（zhé）居：贬谪期间居住的地方。胜概：胜况佳境。⑪齐云：齐云楼，在吴县（今江苏苏州）县城子城上，唐时曹恭王建造。落星：落星楼，在建邺（今江苏南京）东北，三国吴时孙权建造。井幹：井幹楼，在长安（今陕西西安），汉武帝建造。丽谯（qiáo）：丽谯楼，曹操建造。骚人：遭遇忧患的文士。⑫稔（rěn）：指庄稼成熟。仅十稔：意思是说把竹子当瓦，仅仅能用十年。重覆：覆盖两层。⑬至道乙未岁：指宋太宗至道元年（995）。翰林：指翰林学士的职位。出滁上：贬出京城，任滁州知州。滁上，滁水上游，指滁州，今属安徽。丙申：至道二年（996）。广陵：今江苏扬州。丁酉：至道三年（997）。

入西掖：进入中书省知制诰（起草诏书）。西掖，指中书省。戊戌岁：宋真宗咸平元年（998）。除日：农历一年的最后一天。齐安之命：出知黄州的诏命。齐安，即黄州。己亥：咸平二年（999）。郡：指黄州。

⑭后之人：指将来贬谪到黄州的官员。同志：指同有骚人的志趣。嗣：继续。葺（qì）：修缮，修补。庶：或许。

严先生祠堂记①

范仲淹

作者简介

范仲淹（989～1052），字希文，苏州吴县（今属江苏）人。北宋著名政治家、军事家、文学家。真宗大中祥符八年（1015）进士。为官清廉，关心国计民生，以天下为己任，屡次上书言事，有改革的大志。仁宗景祐年间知开封府，上《百官图》，讽刺宰相，揭露吏治腐败，并上论抨击时政，言语激切，被罢知饶州。康定元年（1040），任陕西经略安抚、招讨副使等职，为将号令严明，爱抚士卒，安边有方，为西夏所敬畏。庆历三年（1043），任参知政事，锐意改革，提出十大革新主张，但遭到保守势力的抵制。不久，出任陕西四路安抚使，后又出知邓州、杭州、青州，颇有政绩。死后谥号『文正』。诗、词、散文兼擅，有《范文正公集》传世。

原文

先生，光武之故人也，相尚以道。②及帝握赤符，乘六龙，得圣人之时，臣妾亿兆，天下孰加焉？惟先生以节高之。③既而动星象，归江湖，得圣人之清，泥涂轩冕，天下孰加焉？惟光武以礼下之。④在《蛊》之上九，众方有为，而独『不事王侯，高尚其事』，先生以之。⑤在《屯》之初九，阳德方亨，而能『以贵下贱，大得民也』，光武以之。⑥盖先生之心，出乎日月之上；光武之量，包乎天地之外。微先生，不能成光武之大；微光武，岂能遂先生之高哉！⑦而使贪夫廉，懦夫立，是大有功于名教也。⑧

仲淹来守是邦，始构堂而奠焉，乃复为其后者四家，以奉祠事。⑨又从而歌曰：云山苍苍，江水泱泱，先生之风，山高水长！⑩

选自《范文正公集》卷七

注释

①严先生：汉会稽郡余姚（今属浙江）人。曾与刘秀同游学。刘秀即位后，他改名隐居，后被召到京城洛阳，任命为谏议大夫，他没有接受，归隐在富春山。祠堂：古代祭祀祖宗、先贤或神鬼的庙堂。②光武：指光武帝刘秀，东汉开国皇帝。故人：老朋友。相尚以道：彼此以道义互相尊重。③及：到，等到。握赤符：即握有上天赐予的符命（当君主的凭证）。乘六龙：即当上皇帝。圣人：指思想、道德修养最高的典范人物。时：指实现其愿望的时机。臣妾亿兆：以天下亿兆人为臣妾，意即统治天下。孰：谁。加：超过。节：气节，节操。④动星象：严光与光武共卧，严光把脚伸到光武的肚子上。第二天太史上奏：『客星犯御座甚急。』光武帝笑道：『我和老朋友严子陵共卧罢了！』清：指清静无为的境遇。泥涂轩冕：视功名富贵如污泥。涂，泥。轩冕，古时卿大夫的车服，这里借指高官厚禄。以礼下之：按应有的礼数谦敬地接待他。⑤《蛊（gǔ）》：《易经》的卦名。上九：指这一卦的最上爻（yáo）。每卦六爻，自下而上，序号为初、

二、三、四、五、上。爻分阴阳，『九』代表阳爻，『六』代表阴爻。这里的『上九』，指『上九』的爻辞：『不事王侯，高尚其事。』意为，多事之秋，众人正汲汲于功名，有所作为，独我不服事王侯，而从事于清高之举。以之：按照上边的话做事。以，为，行。⑥《屯（zhūn）》：《易经》的卦名。阳德：指帝王之德。这句的意思是，《屯》卦初九《象辞》说：阳德方始亨通，而能『以尊贵的身份，谦恭对待低贱的人，所以大受民众的拥戴』。光武帝是按照这些话来做事的。⑦微：没有。成光武之大：成全光武帝的大度。成，完成，实现。大，指气量大，胸怀宽广。遂先生之高：成全先生的高洁操守。遂，终，尽。⑧懦夫立：懦弱的人独立自强。名教：封建社会的名分、礼教。⑨是邦：指睦州。邦，本指诸侯邦国，后借指地方州郡。奠：祭祀。乃：于是。复为其后者四家：免除作为他后裔的四户人家的赋税。复，免除赋税。以奉祠事：用来供奉祠堂祭祀等所需费用。⑩苍苍：苍莽没有边际的样子。泱泱：形容水深广的样子。风：人品风范。

岳阳楼记①

范仲淹

原文

庆历四年春，滕子京谪守巴陵郡。②越明年，政通人和，百废具兴。③乃重修岳阳楼，增其旧制，刻唐贤今人诗赋于其上，属予作文以记之。④

予观夫巴陵胜状，在洞庭一湖。衔远山，吞长江，浩浩汤汤，横无际涯；朝晖夕阴，气象万千。此则岳阳楼之大观也，前人之述备矣。[5]然则北通巫峡，南极潇湘，迁客骚人，多会于此，览物之情，得无异乎？[6]

若夫霪雨霏霏，连月不开，阴风怒号，浊浪排空，日星隐曜，山岳潜形；商旅不行，樯倾楫摧；薄暮冥冥，虎啸猿啼。[7]登斯楼也，则有去国怀乡，忧谗畏讥，满目萧然，感极而悲者矣。[8]

至若春和景明，波澜不惊，上下天光，一碧万顷；沙鸥翔集，锦鳞游泳，岸芷汀兰，郁郁青青；[9]而或长烟一空，皓月千里，浮光跃金，静影沉璧；渔歌互答，此乐何极！[10]登斯楼也，则有心旷神怡，宠辱皆忘，把酒临风，其喜洋洋者矣。[11]

嗟夫！予尝求古仁人之心，或异二者之为。[12]何哉？不以物喜，不以己悲。居庙堂之高，则忧其民；处江湖之远，则忧其君。是进亦忧，退亦忧。[13]然则何时而乐耶？其必曰『先天下之忧而忧，后天下之乐而乐』欤！[14]噫！微斯人，吾谁与归？[15]

时六年九月十五日。[16]

选自《范文正公集》卷七

注释

①岳阳楼：岳州巴陵县（今湖南岳阳）城西门楼，面临洞庭湖。建于唐初。②庆历四年：公元1044年。庆历，宋仁宗年号（1041~1048）。滕子京：河南洛阳人，子京是他的字，与范仲淹为同年进士。曾任泾州知州，后升天章阁待制、知庆州。后因有人诬告他在泾州时枉费公钱十六万贯，被贬知岳州。他任各州知州时，兴建学校，取得了很大的成效。谪（zhé）：贬谪，被降职。守巴陵郡：即知岳州。岳州旧时曾称巴陵郡，郡的长官称『守』或『太守』。③越明年：到第二年。政通人和：政令上下通达，人民安居乐业。百

废具兴：各种废弛的事业都兴办起来。具，通『俱』，都。④旧制：原先的规模。唐贤：指唐代的杜甫、韩愈、柳宗元、刘禹锡、白居易等诗人。今人：指宋代人。属（zhǔ）：同『嘱』，嘱托。⑤夫：语助词。胜状：壮丽的景色。洞庭：湖名，在湖南北部岳阳西，我国著名大湖。衔远山：意思是说含远山于其中。远山，指洞庭湖中君山等山。吞长江：吞饮长江洪水。汤（shāng）汤：形容水势盛大的样子。横：充溢。际涯：边际。朝晖夕阴：意思是说早早晚晚，或晴或阴。晖（huī），日光。气象万千：自然景象，千变万化。大观：概观，大体景象。前人之述：指前言『唐贤、今人诗赋』。⑥巫峡：长江三峡之一，在今重庆巫山与湖北巴东县境内。在洞庭湖西北方。南极潇湘：往南直达潇湘。潇湘，二水名，在湖南南部合流后，古称『潇湘』。迁客：被贬到远方做官的人。骚人：政治上不得志的诗人。得无：能无。⑦若夫：发语词，有『假如』的意思。霪（yín）雨：指连绵不住的雨。霏（fēi）霏：形容雨下得密集的样子。开：放晴。怒号：呼啸，狂叫。排空：排击天空。隐曜：隐藏其光辉。潜形：潜藏其形迹。商旅：行商和旅客。樯（qiáng）：船上挂帆的桅杆。楫（jí）：船桨。摧：折。薄暮：近暮，傍晚。薄，迫近。冥（míng）冥：昏暗。⑧斯楼：这楼。斯，此，这。去国：离开国都。国，国都。指被贬离开朝廷。忧谗：忧虑谗言伤害。畏讥：害怕讥讽嘲笑。萧然：萧条冷落。感极：感触极深。⑨至若：至于像。景明：阳光明媚。上下天光：指天光倒映湖中。万顷：指广阔的湖面。顷，地积单位，一顷为一百亩。沙鸥：鸥鸟常栖水边沙上，故称沙鸥。翔集：或飞翔或停栖。集，指鸟停栖。锦鳞：鳞如彩锦般的鱼。鱼的美称。芷（zhǐ）：白芷，一种香草。汀（tīng）：水边平地。郁郁：茂盛的样子。⑩长烟一空：指空中烟雾全部消散。皓（hào）月：明亮的月光。浮光跃金：水面月光闪动着金色。静影沉璧：静水中的月影，就像沉在水中的璧玉。璧，一种圆形的玉。渔

歌：捕鱼人归来的歌唱。⑪心旷神怡（yí）：形容心情开朗，精神愉悦。宠辱：荣耀和屈辱。洋洋：兴高采烈的样子。⑫求：探索，寻思。仁人：高尚无私的人。二者：指上述『感极而悲者』与『其喜洋洋者』。为：指心情、想法。⑬不以物喜：不因外物的美好而喜悦。不以己悲：不因自己遭遇不好而悲伤。庙堂：朝廷。高：指很高的职位。江湖：指官场外。远：远离朝廷的地方。进：入仕，做官。退：退出官场，隐居。⑭其：指古代的仁人。先：先于，在其先。天下：天下人。后：后于，在其后。⑮微：没有。这里有『假若』的意思。斯人：指古代的仁人。吾谁与归：我的心归依谁呢？与，同『欤』，疑问语气词。⑯六年：指庆历六年。

朋党论①

欧阳修

作者简介

欧阳修（1007~1072），字永叔，号醉翁，晚年号六一居士。吉州庐陵（今江西吉安）人。宋仁宗天圣八年（1030）进士。历任馆阁校勘、知谏院、翰林学士、礼部侍郎等职，曾官至参知政事（副宰相）。其间曾因正义直言受到贬谪，任过夷陵令、滁州知州等地方官。在以范仲淹为首的政治革新运动中，他始终是积极的支持者和参与者。与此同时，他是北宋诗文革新运动的主将和旗手。他爱惜人才，提携后进，曾巩、王安石和『三苏』等，都曾受到他的奖拔和援引。他兼擅诗词散文，还编纂了《新唐书》、《新五代史》。苏轼对他的评价极高，称他『论大道似韩愈，论事似陆贽，记事似司马迁，诗赋似李白』。死后谥号『文忠』，世称欧阳文忠公，有《欧阳文忠公集》传世。

云山清趣图 元·赵衷

此图为《张观等五家集绘卷》之一。画群山丛树，烟云出没，意境清幽。山峦用水墨轻勾淡染，卧笔点苔，丛树以率笔随意写之，画风学米派云山。

原文

臣闻朋党之说，自古有之，惟幸人君辨其君子小人而已。② 大凡君子与君子以同道为朋，小人与小人以同利为朋，此自然之理也。③

然臣谓小人无朋，惟君子则有之。其故何哉？小人所好者利禄也，所贪者财货也。当其同利之时，暂相党引以为朋者，伪也；及其见利而争先，或利尽而交疏，则反相贼害，虽其兄弟亲戚，不能相保。④ 故臣谓小人无朋，其暂为朋者，伪也。君子则不然。所守者道义，所行者忠信，所惜者名节。以之修身，则同道而相益；以之事国，则同心而共济。⑤ 始终如一，此君子之朋也。故为人君者，但当退小人之伪朋，用君子之真朋，则天下治矣。⑥

尧之时，小人共工、驩兜等四人为一朋，君子八元、八恺十六人为一朋。舜佐尧，退四凶小人之朋，而进元、恺君子之朋，尧之天下大治。⑦ 及舜自为天子，而皋、夔、稷、契等二十二人并立于朝，更相称美，更相推让，凡二十二人为一朋，而舜皆用之，天下亦大治。⑧

《书》曰：『纣有臣亿万，惟亿万心；周有臣三千，惟一心。』[9]纣之时，亿万人各异心，可谓不为朋矣，然纣以亡国。周武王之臣，三千人为一大朋，而周用以兴。后汉献帝时，尽取天下名士囚禁之，目为党人。[10]及黄巾贼起，汉室大乱，后方悔悟，尽解党人而释之，然已无救矣。[11]唐之晚年，渐起朋党之论。[12]及昭宗时，尽杀朝之名士，或投之黄河，曰：『此辈清流，可投浊流。』而唐遂亡矣。[13]

夫前世之主，能使人人异心不为朋，莫如纣；能禁绝善人为朋，莫如汉献帝；能诛戮清流之朋，莫如唐昭宗之世。然皆乱亡其国。[14]更相称美推让而不自疑，莫如舜之二十二臣，舜亦不疑而皆用之。然而后世不诮舜为二十二人朋党所欺，而称舜为聪明之圣者，以能辨君子与小人也。周武之世，举其国之臣三千人共为一朋，自古为朋之多且大，莫如周；然周用此以兴者，善人虽多而不厌也。

嗟乎！治乱兴亡之迹，为人君者可以鉴矣。

选自《欧阳文忠公集》卷十七

注释

①朋党：本指结伙营私，这里泛指结为同盟。②臣：作者对君主自称。朋党之说，自古有之：有关朋党的说法，是在古代就有了的。参见王禹偁《朋党论》。幸：希冀，希望。君子：指人品道德高尚的人。小人：指人品道德卑劣的人。③同道：共同信仰道德正义。道，道义。利：不正当的私利。④党引：结伙，勾结。贼害：伤害，危害。⑤名节：指名誉和节操。同道而相益：同守道义而互相帮助。共济：共同成就事业。⑥退：黜退，罢斥。用：进用，信用。治：太平，有秩序。与『乱』相对。⑦尧：传说为上古

『五帝』之一。四人：指共工、驩兜（huāndōu）、三苗、鲧（gǔn）这四人，传说为尧时的『四凶』。八元：传说当时高辛氏有才子八人，世称『八元』。元，善。八恺：传说当时高阳氏有才子八人，世称『八恺』。恺，和。舜：传说为上古『五帝』之一。⑧皋：皋陶（yáo），舜时掌管刑法的大臣。夔：舜时掌管音乐和教育的大臣。稷（jì）：舜时掌管农业的大臣。契（xiè）：舜时掌管教化的大臣。⑨《书》：即《尚书》、《书经》，儒家主要经典之一。下面引文见《尚书·泰誓》篇。纣（zhòu）：商朝末代帝王。周：《泰誓》篇原文作『予』，周武王自称。《泰誓》为周武王伐纣行军途中作。⑩汉献帝：当作汉桓帝、汉灵帝。汉献帝，东汉末代皇帝。汉桓帝，东汉皇帝。汉灵帝，东汉皇帝。桓、灵时，以李膺为首的士大夫名流，因反对宦官专权，先后两次遭到残酷镇压。李膺等被目为『党人』。⑪黄巾贼起：指汉灵帝中平元年爆发的张角领导的农民大起义。起义军以黄巾裹头，因被称为『黄巾军』。贼，封建统治阶级对起义军的蔑称。『后方悔悟』二句：中平元年黄巾起义爆发后，朝廷考虑到『党锢久积，人情多怨』，怕对起义军有利，于是才大赦『党人』。⑫『唐之晚年』二句：唐朝穆宗至宣宗年间，朝廷内部发生了牛李两党的争斗。以牛僧孺、李宗闵为首的牛党，以李德裕为首的李党，互相倾轧，势不两立，使朝廷上下元气大伤。⑬昭宗：当作『昭宣帝』（即哀帝）。昭宗，唐代皇帝。昭宣帝，唐末代皇帝。昭宣帝天祐二年，权臣朱全忠，贬杀朝廷大臣及朝士三十余人于滑州白马驿，并投尸黄河。朱的亲信李振曾对朱说：『此辈常自谓清流，宜投之黄河，使为浊流！』清流：比喻品行高洁的人。⑭汉献帝：当作『汉桓帝』、『汉灵帝』。唐昭宗：当作『唐昭宣帝』。

纵囚论

欧阳修

原文

信义行于君子，而刑戮施于小人。[1]刑入于死者，乃罪大恶极，此又小人之尤甚者也。[2]宁以义死，不苟幸生，而视死如归，此又君子之尤难者也。[3]

方唐太宗之六年，录大辟囚三百余人，纵使还家，约其自归以就死。[4]是以君子之难能，期小人之尤者以必能也。其囚及期，而卒自归无后者。是君子之所难，而小人之所易也。此岂近于人情哉？[5]

或曰：罪大恶极，诚小人矣，及施恩德以临之，可使变而为君子。盖恩德入人之深，而移人之速，有如是者矣。[6]曰：太宗之为此，所以求此名也。然安知夫纵之去也，不意其必来以冀免，所以纵之乎？[7]又安知夫被纵而去也，不意其自归而必获免，所以复来乎？夫意其必来而纵之，是上贼下之情也；[8]意其必免而复来，是下贼上之心也。吾见上下交相贼以成此名也，乌有所谓施恩德与夫知信义者哉？[9]不然，太宗施德于天下，于兹六年矣，不能使小人不为极恶大罪，而一日之恩，能使视死如归而存信义，此又不通之论也。[10]

然则何为而可？曰：纵而来归，杀之无赦；而又纵之，而又来，则可知为恩德之致尔。然此必无之事也。若夫纵而来归而赦之，可偶一为之尔。若屡为之，则杀人者皆不死，是可为天下之常法乎？[11]不可为常者，其圣人之法乎？是以尧舜三王之治，必本于人情，不立异以为高，不逆情以干誉。[12]

选自《欧阳文忠公集》卷十八

注释

①信：诚信，信用，严守承诺。义：正义，正当的道理。戮（lù）：杀。指最严厉的刑法。②刑入于死：判刑至于处死。小人之尤甚：小人中特别坏的。③苟：苟且，轻率。幸：侥幸。君子之尤难：就连君子也特别难做到。④唐太宗：唐朝第二代皇帝，即李世民。六年：即贞观六年。录：登记，汇录。大辟：古代最重的刑罚，即死刑。三百馀人：应为二百九十人。就死：接受死刑。⑤及期：到期限。卒：终于。后：过期。小人之所易：小人轻易做到了。人情：人之常情。⑥或曰：有人说。诚：确实，的确。及：到。临之：降临到他（他们）身上。入人：感化人。移人：改变人的思想品质。⑦安知：哪里知道。夫：语助词，无实义。意：估计。冀：希冀，希望。免：赦免。⑧上：指皇上。贼：偷窃，这里引申为暗自窥测、揣摸。下：指死囚。情：指心理。⑨乌有：哪里有。乌，哪里。知信义：指死囚们因恩德感化而知守信义。⑩兹：这（这时）。六年：指李世民即位六年。为极恶大罪：指沦为死囚。一日之恩：指『纵使还家』。⑪杀人者：指犯了死罪的人。⑫尧舜：古代帝王，传说上古『五帝』中的后两位。三王：指夏、商、周三代的开国君主：禹、汤、周文王和周武王。逆情：违反人之常情。干誉：求取好名声。

梅圣俞诗集序

欧阳修

原文

予闻世谓诗人少达而多穷，夫岂然哉？[1]盖世所传诗者，多出于古穷人之辞也。凡士之蕴其所有，而不

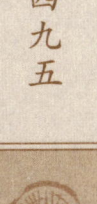

得施于世者，多喜自放于山颠水涯之外；②见虫鱼草木风云鸟兽之状类，往往探其奇怪；③内有忧思感愤之郁积，其兴于怨刺，以道羁臣寡妇之所叹，而写人情之难言，盖愈穷则愈工。④然则非诗之能穷人，殆穷者而后工也。⑤

予友梅圣俞，少以荫补为吏，累举进士，辄抑于有司，困于州县，凡十馀年。⑥年今五十，犹从辟书，为人之佐。⑦郁其所蓄，不得奋见于事业。⑧其家宛陵，幼习于诗，自为童子，出语已惊其长老。⑨既长，学乎六经仁义之说。⑩其为文章，简古纯粹，不求苟说于世。世之人徒知其诗而已。⑪然时无贤愚，语诗者必求之圣俞。圣俞亦自以其不得志者乐于诗而发之，故其平生所作，于诗尤多。⑫世既知之矣，而未有荐于上者。昔王文康公尝见而叹曰：『二百年无此作矣！』虽知之深，亦不果荐也。⑬若使其幸得用于朝廷，作为雅、颂，以歌咏大宋之功德，荐之清庙，而追商、周、鲁颂之作者，岂不伟欤！⑭奈何使其老不得志，而为穷者之诗，乃徒发于虫鱼物类、羁愁感叹之言。世徒喜其工，不知其穷之久而将老也，可不惜哉！

圣俞诗既多，不自收拾。其妻之兄子谢景初，惧其多而易失也，取其自洛阳至于吴兴以来所作，次为十卷。⑮予尝嗜圣俞诗，而患不能尽得之，遽喜谢氏之能类次也，辄序而藏之。⑯

其后十五年，圣俞以疾卒于京师，余既哭而铭之，因索于其家，得其遗稿千馀篇，并旧所藏，掇其尤者六百七十七篇，为一十五卷。⑰呜呼！吾于圣俞诗，论之详矣，故不复云。⑱

选自《欧阳文忠公集》卷四十二

注释

①达：指仕途显达。穷：指仕途坎坷，不得志。夫：发语词，无实义。然：这样。②蕴其所有：指胸怀

才能、抱负。放：放纵，无拘无束。③状类：状貌，状之所似。探：探究。这里指深入观察、描绘。奇怪：指新颖特异的地方。④其：指上述虫鱼鸟兽之状类。兴于怨刺：引发为对现实的怨恨讽刺。羁臣：羁旅在外的臣子。这里指遭到贬谪的官员。羁臣、寡妇，泛指失意之人。⑤穷人：使人坎坷、不得志。穷，使动用法。殆（dài）：大概。⑥少以荫补为吏：梅尧臣的叔父梅询，官翰林侍读学士，他年轻时，凭着叔父的地位，按当时的恩荫制度，被任为河南主簿（主管文书簿册的属吏）。荫，指封建官僚子弟凭前辈官爵受封任职。有司：有关部门、官员。这里指主持进士考试的官员。困于州县：屈作州县小吏。⑦今：近。辟（bì）书：官府征召属吏的文书。佐：辅助官吏。⑧郁其所蓄：闭积他所具有的知识才能。事业：指治国济民的事业。⑨宛陵：在今安徽宣州。⑩六经：指《易》、《书》、《诗》、《礼》、《乐》、《春秋》这六部儒家经典。⑪简古：指语言简明古朴，不追求华丽辞藻。纯粹：指内容纯正精粹，合乎六经的意旨。苟说于世：随便取悦于世人。说，同『悦』。徒知：只知道，仅仅知道。⑫不得志者：指失意的事情。发：发泄，表现。⑬王文康公：王曙，死后谥号『文康』，官至宰相。二百年：从白居易去世前后到景祐年间，约二百年。不果荐：终于没有推荐。⑭雅、颂：《诗经》诗分风、雅、颂三类，其中雅、颂，多歌颂祖先功德之作。作为雅、颂：即创作像雅、颂这类的诗歌。荐：献。清庙：宗庙。古代皇帝供奉祭祀祖先的庙堂。商、周、鲁颂：《诗经》中的颂诗，分商颂、周颂、鲁颂三部分。⑮谢景初：字师厚，庆历年间进士，长于作诗。自洛阳至于吴兴：梅尧臣于宋仁宗天圣九年任河南主簿，在洛阳；庆历二到四年任湖州税监，在吴兴。吴兴，古郡名，即唐宋时的湖州，今属浙江。次：按次序编排。⑯嗜（shì）：喜爱，喜欢。遽（jù）：于是。类次：分类编排。辄（zhé）：就。序：为作序言。⑰卒：死。京师：京城，国都。铭：作墓志铭。索：求，要。掇（duō）：选取。尤者：突出的。这里指特别好的作品。⑱『吾于』二句：作者在此之前曾在《书梅圣俞稿后》、《梅圣俞墓志铭》等文中不止一次评论过梅诗。

五代史伶官传序[1]

欧阳修

原文

呜呼！盛衰之理，虽曰天命，岂非人事哉！[2]原庄宗之所以得天下，与其所以失之者，可以知之矣。[3]

世言晋王之将终也，以三矢赐庄宗而告之曰：『梁，吾仇也；燕王，吾所立，契丹与吾约为兄弟，而皆背晋以归梁。此三者，吾遗恨也。与尔三矢，尔其无忘乃父之志！』[4]庄宗受而藏之于庙，其后用兵，则遣从事以一少牢告庙，请其矢，盛以锦囊，负而前驱，及凯旋而纳之。[5]

方其系燕父子以组，函梁君臣之首，入于太庙，还矢先王，而告以成功，其意气之盛可谓壮哉！[6]及仇雠已灭，天下已定，一夫夜呼，乱者四应，仓皇东出，未见贼而士卒离散，君臣相顾，不知所归，至于誓天断发，泣下沾襟，何其衰也！[7]岂得之难而失之易欤？抑本其成败之迹，而皆自于人欤？[8]

《书》曰：『满招损，谦得益。』[9]忧劳可以兴国，逸豫可以亡身，自然之理也。[10]故方其盛也，举天下之豪杰，莫能与之争；[11]及其衰也，数十伶人困之，而身死国灭，为天下笑。[12]夫祸患常积于忽微，而智勇多困于所溺，岂独伶人也哉！[13]

选自《新五代史》卷三十七

注释

①《五代史》：原名《五代史记》，是欧阳修晚年编写的一部关于五代（后梁、后唐、后晋、后汉、后周）的史书。因前已有薛居正等编写的《五代史》，所以被称为《新五代史》，薛史则被称为《旧五代史》。伶官：古代被授予官职的宫廷伶人。伶，指古代演奏音乐和演戏的人。②盛衰之理：王朝兴盛与衰亡的原因。虽曰天命：虽然说是上天的意志。③原：推究，探索。庄宗：即后唐庄宗李存勖（xù），建立了后唐王朝。④晋王：庄宗的父亲李克用，唐朝大臣，唐昭宗乾宁二年，被封为晋王。矢：箭。梁：指后梁的建立者朱温。原为唐朝大臣，封梁王。燕王：指刘仁恭、刘守光父子。契丹：当时东北一个少数民族建立的政权。乃父：你的父亲。乃，你的。⑤庙：指太庙，帝王祭祀祖先的庙宇。从事：随从属官。少牢：古代帝王、诸侯及卿、大夫祭祀的祭品，分太牢、少牢。太牢，用牛、羊、猪祭祀；少牢，仅用羊、豕。告庙：祭告祖先。请：恭迎。锦囊：彩色丝织袋子。负而前驱：背着走在队伍前边。纳之：把箭纳入太庙。⑥方：当。系燕父子以组：后梁乾化二年，李存勖领兵攻打幽州，俘获刘仁恭、刘守光父子，用组练捆绑，献于太庙。系，捆绑；组，丝带。函梁君臣之首：后梁龙德三年，李存勖率兵攻克梁都大梁（开封），梁末帝朱友贞与其臣皇甫麟等自杀，李存勖命人用匣子装他们的头，藏在太庙中。函，用匣子装。先王：指李克用。⑦仇雠（qiúchóu）：强敌，力量匹敌的仇敌。一夫夜呼：后唐同光四年，贝州（今河北清河）军士黄甫晖，趁人心浮动，局势混乱，夜间煽动叛乱，拥指挥使赵在礼为帅，攻入邺都（今河南安阳）。附近驻军，相继叛乱。一夫，指黄甫晖。⑧抑：或者，或许。本：考察，探本求源。人：指当事人的所作所为。⑨《书》：《尚书》。下面引语，见其《大禹谟》篇。谦得益：原文为『谦受益』。⑩忧劳可以兴国，逸豫可以亡身：

忧劳可以兴国兴身，逸豫可以亡国亡身。逸豫，安逸享乐。⑪方其盛也：当他兴盛的时候。举：全，都。⑫及其衰也：等到他衰败的时候。数十伶人困之：李存勖酷爱音乐杂戏，宠爱伶人，有些伶人，被委以要职。同光四年（926）四月，伶人出身的从马直（宫廷禁卫军）指挥使郭从谦，乘李存勖众叛亲离之时，煽动部下作乱，李在与叛军格斗中被射死。国灭：这里指政权垮台。⑬忽微：古代极小的度量单位。一寸的十万分之一为忽，百万分之一为微。这里比喻极细微的事情。智勇：有大智大勇的人。所溺：指溺爱的人或事物。溺，沉迷酷爱而不加节制。

送杨置序①

欧阳修

原文

予尝有幽忧之疾，退而闲居，不能治也。②既而学琴于友人孙道滋，受宫声数引，久而乐之，不知其疾之在体也。③

夫琴之为技小矣，及其至也，大者为宫，细者为羽，操弦骤作，忽然变之，急者凄然以促，缓者舒然以和。④如崩崖裂石，高山出泉，而风雨夜至也；如怨夫寡妇之叹息，雌雄雍雍之相鸣也。⑤其忧深思远，则舜与文王、孔子之遗音也；⑥悲愁感愤，则伯奇孤子、屈原忠臣之所叹也。⑦喜怒哀乐，动人必深；而纯古淡泊，与夫尧舜三代之言语，孔子之文章，《易》之忧患、《诗》之怨刺无以异。⑧其能听之以耳，应之以手，取其和者，道其湮郁，写其幽思，则感人之际，亦有至者焉。⑨

予友杨君，好学有文，累以进士举，不得志。及从荫调，为尉于剑浦，区区在东南数千里外，是其心固有不平者。⑩且少又多疾，而南方少医药，风俗饮食异宜。⑪以多疾之体，有不平之心，居异宜之俗，其能郁郁以久乎？⑫然欲平其心，以养其疾，于琴亦将有得焉。⑬故予作琴说，以赠其行，且邀道滋酌酒进琴以为别。⑭

选自《欧阳文忠公集》卷四十二

注释

①杨置：作者友人，生平不详。②幽忧之疾：深沉忧伤引起的疾病。③孙道滋：不详。宫声：指宫调曲。宫，古代音乐五声（宫、商、角、徵、羽）之一。数引：即数曲。引，琴曲的数量单位。④至：指琴技的最高境界。大者为宫，细者为羽：这里举宫、羽而包括其他三声，宫声最洪大，羽声最尖细。忽然变之：指弹奏中五音变化迅速莫测。急者：节奏快的地方。凄然：凄厉的样子。以：而。缓者：指节奏慢处。舒然：宽舒、舒畅的样子。急者、缓者，指琴声；凄然、舒然，是听者的感受。⑤崩崖裂石：即崖崩石裂。怨夫：指失去妻子的男子。雍雍：鸟和鸣声。⑥舜：古代帝王，传说为上古『五帝』之一。文王：指周文王姬昌。琴曲有《拘幽操》，相传为文王被纣拘于羑里时所作，抒发忧怨之情。孔子：琴曲有《幽兰操》，相传为孔子所作，抒发因政治上不得志而产生的忧伤。遗音：流传下来的乐曲。这里指其曲辞的意境。⑦伯奇：周宣王大臣尹吉甫之子，因后母进谗言而被逐，作琴曲《履霜操》，投河而死。孤子：指有家不能归的孤苦之子。屈原：战国时楚国人，著名政治家和爱国诗人。因受谗言，长期被放逐。后来在秦兵攻破楚都时，自投汨罗江而死。⑧三代：指夏、商、周三代。《易》之忧患：《易·系辞》中说：『作《易》者，其

有忧患乎！』《诗》之怨刺：《诗经》中多哀怨讽刺之语。⑨应之以手：以手弹琴再现乐曲。和者：音调平和的曲子。道：同『导』，疏导。湮郁：指胸中的忧愁悲愤。湮（yān），阻塞；郁，抑郁，闭结。写：通『泻』，抒发。幽思：指内心深处的思想感情。至者：感人至深的。⑩荫：指凭借父、祖的功勋、官爵而做官。尉：县尉，古代负责一县种军事治安的官员。剑浦：古代县名，在今福建南平。区区：小。这里指县尉官职卑微。⑪少（shào）：年轻。南方少医药：这是说当时南方经济文化比较落后。异宜：不适应。⑫其：同『岂』。郁郁：形容抑郁忧伤。久：生命长久。⑬平其心：使其心情平和。养其疾：调养他的病。得：收获，得到好处。⑭酌酒：指设酒宴。进琴：赠送琴。

丰乐亭记

欧阳修

原文

修既治滁之明年，夏始饮滁水而甘。①问诸滁人，得于州南百步之近。其上则丰山，耸然而特立；②下则幽谷，窈然而深藏；③中有清泉，滃然而仰出。④俯仰左右，顾而乐之。于是疏泉凿石，辟地以为亭，而与滁人往游其间。

滁于五代干戈之际，用武之地也。⑤昔太祖皇帝，尝以周师破李景兵十五万于清流山下，生擒其将黄甫晖、姚凤于滁东门之外，遂以平滁。⑥修尝考其山川，按其图记，升高以望清流之关，欲求晖、凤就擒之所，而故老皆无在者，盖天下之平久矣。⑦

自唐失其政，海内分裂，豪杰并起而争，所在为敌国者，何可胜数。⑧及宋受天命，圣人出而四海一。⑨向之凭恃险阻，铲削消磨，百年之间，漠然徒见山高而水清，欲问其事，而遗老尽矣。⑩今滁介江淮之间，舟车商贾、四方宾客之所不至，民生不见外事，而安于畎亩衣食，以乐生送死，而孰知上之功德，休养生息，涵煦于百年之深也？⑪

修之来此，乐其地僻而事简，又爱其俗之安闲。既得斯泉于山谷之间，乃日与滁人仰而望山，俯而听泉。掇幽芳而荫乔木，风霜冰雪，刻露清秀，四时之景，无不可爱。⑫又幸其民乐其岁物之丰成，而喜与予游也。⑬因为本其山川，道其风俗之美，使民知所以安此丰年之乐者，幸生无事之时也。⑭

夫宣上恩德，以与民共乐，刺史之事也，遂书以名其亭焉。⑮

选自《欧阳文忠公集》卷三十九

注释

①修：作者的自称。治滁：任滁州知州。滁州，今属安徽。明年：第二年。②丰山：山名，在今滁州城西。耸（sǒng）然：形容高高挺起的样子。特立：独立。③幽谷：谷名，即丰乐亭下的紫微泉。窈（yǎo）然：幽暗的样子。④滃（wěng）然：形容水盛大的样子。仰出：向上喷出。⑤五代：唐朝灭亡后的五个朝代，即后梁、后唐、后晋、后汉、后周。干戈：古代的两种兵器，借指战争。⑥太祖皇帝：指宋开国皇帝赵匡胤，庙号太祖。李景：即李璟，五代十国中南唐的第二代君主。清流山：在今滁州西南。黄甫晖：南唐奉化军节度使，镇江州。周师南征，他被任命为北面行营应援使，屯清流关，为周师所败，被擒，其行军都监姚凤同时被擒。平滁：平定滁州，即占领滁州，归周所有。⑦图记：地图与文字记载。故老：当时经历这件

事的老人。⑧失其政：失去他的统治能力。所在：到处，处处。敌国：彼此敌对的政权。⑨受天命：接受上天之命统治全国。圣人：古代对皇帝的称呼，这里指赵匡胤。四海一：全国统一。一，动词，统一。⑩向：从前，过去。恃（shì）：倚仗。百年之间：赵宋于公元960年建国，到写这篇文章，已近百年。漠然：广漠无边的样子。遗老：经历时代变化的老人。⑪商贾（gǔ）：古代对商人的统称。古代通物曰商，设店售物曰贾。外事：指乡里以外的事物。畎（quǎn）亩：田地，田间。上：皇上。休养生息：保养民力，繁殖人口。涵煦（xù）：涵养抚育。⑫掇（duō）：拾取，摘取。幽芳：指野花。荫（yìn）：在树下乘凉。风霜冰雪，刻露清秀：秋天的风霜，冬天的冰雪，使山水真正切切地显露出了清秀的面目。四时：四季。⑬幸：庆幸，欣慰。岁物：指庄稼，农作物。丰成：丰收。⑭因：于是。本其山川：意为追叙这里山川曾经历过的战事。无事：指没有战乱。⑮刺史：古代官名，但在各代职权不同。

醉翁亭记

欧阳修

原文

环滁皆山也。[1]其西南诸峰，林壑尤美。望之蔚然而深秀者，琅琊也。[2]山行六七里，渐闻水声潺潺，而泻出于两峰之间者，酿泉也。[3]峰回路转，有亭翼然临于泉上者，醉翁亭也。[4]作亭者谁？山之僧智仙也。[5]名之者谁？太守自谓也。[6]太守与客来饮于此，饮少辄醉，而年又最高，故自号曰醉翁也。[7]醉翁之意不在酒，在乎山水之间也。山水之乐，得之心而寓之酒也。

若夫日出而林霏开，云归而岩穴暝，晦明变化者，山间之朝暮也。⑧野芳发而幽香，佳木秀而繁阴，风霜高洁，水落而石出者，山间之四时也。⑨朝而往，暮而归，四时之景不同，而乐亦无穷也。

至于负者歌于途，行者休于树，前者呼，后者应，伛偻提携，往来而不绝者，滁人游也。⑩临溪而渔，溪深而鱼肥；酿泉为酒，泉香而酒洌；山肴野蔌，杂然而前陈者，太守宴也。⑪宴酣之乐，非丝非竹。射者中，弈者胜，觥筹交错，坐起而喧哗者，众宾欢也。⑫苍颜白发，颓然乎其间者，太守醉也。⑬

已而，夕阳在山，人影散乱，太守归而宾客从也。树林阴翳，鸣声上下，游人去而禽鸟乐也。⑭然而禽鸟知山林之乐，而不知人之乐；人知从太守游而乐，而不知太守之乐其乐也。⑮醉能同其乐，醒能述以文者，太守也。太守谓谁？庐陵欧阳修也。⑯

选自《欧阳文忠公集》卷三十九

注释

①环：环绕。滁：滁州，今属安徽。②壑（hè）：山谷。蔚（wèi）然：草木茂盛的样子。深秀：浓绿秀美。琅琊：琅琊山，在滁州城西南十里。③潺（chán）潺：舒缓的流水声。酿泉：又名醴泉，琅琊溪的源头之一。④翼然：像鸟展开翅膀的样子。⑤智仙：指琅琊寺的僧人。⑥名之者：为它命名的人。名，给……命名。太守：即知州。自谓：自称，用自己的名号为亭子命名。⑦辄（zhé）：就。号：别号，名字之外的称号。⑧林霏（fēi）：林中云雾之气。开：散开，消散。归：指归于山间。暝（míng）：昏暗。晦（huì）：暗。⑨野芳：指野花。秀：茂美。繁阴：浓密的树荫。四时：四季。⑩负者：背着、挑着东西的人。伛偻（yǔ lǚ）：弯腰驼背。这里借指老年人。提携：牵手带着走。这里借指小孩子。⑪渔：捕鱼。泉香而酒洌

（liè）：或作『泉洌而酒香』。洌，清澈。肴（yáo）：荤菜。蔌（sù）：蔬菜的总称。杂然：杂乱的样子。前陈：陈列在面前。陈，陈列，摆设。⑫酣：酣畅，痛快。丝：指弦乐器。竹：指管乐器。丝、竹，这里泛指音乐演奏。射：指投壶游戏。弈（yì）：下棋。觥（gōng）：古代的一种酒器。筹：酒筹，古代一种饮酒计数用的竹签。坐起：或坐或起。⑬苍颜：苍黑的容颜。颓然：醉倒的样子。⑭阴翳（yì）：阴暗，暗淡。鸣声上下：树上和树下，都是一片鸣声。⑮乐其乐：乐同游人之乐。即下文的『同其乐』。⑯庐陵：今江西吉安。

秋声赋①

欧阳修

原文

欧阳子方夜读书，闻有声自西南来者，悚然而听之，曰：『异哉！』②初淅沥以潇飒，忽奔腾而砰湃，如波涛夜惊，风雨骤至。③其触于物也，鏦鏦铮铮，金铁皆鸣；又如赴敌之兵，衔枚疾走，不闻号令，但闻人马之行声。④予谓童子：『此何声也？汝出视之。』童子曰：『星月皎洁，明河在天，四无人声，声在树间。』⑤

予曰：『噫嘻悲哉！此秋声也，胡为乎来哉？⑥盖夫秋之为状也，其色惨淡，烟霏云敛；其容清明，天高日晶；其气栗冽，砭人肌骨；其意萧条，山川寂寥。⑦故其为声也，凄凄切切，呼号愤发。丰草绿缛而争茂，佳木葱茏而可悦；草拂之而色变，木遭之而叶脱。其所以摧败零落者，乃一气之余烈。⑧夫秋，刑官也，于时为阴；又兵象也，于行为金。是谓天地之义气，常以肃杀而为心。[9]天之于物，春生秋实。故其在乐也，商声主西方之音，夷则为七月之律。[10]商，伤也，物既老而悲伤；夷，戮也，物过盛而当杀。

『嗟夫！草木无情，有时飘零。人为动物，惟物之灵，百忧感其心，万事劳其形。有动乎中，必摇其精。而况思其力之所不及，忧其智之所不能，宜其渥然丹者为槁木，黟然黑者为星星。[11]奈何以非金石之质，欲与草木而争荣！念谁为之戕贼，亦何恨乎秋声？[12]』

童子莫对，垂头而睡。但闻四壁虫声唧唧，如助予之叹息。

选自《欧阳文忠公集》卷十五

注释

①赋：古代的一种文体名。②欧阳子：作者的自称。方：正在。悚（sǒng）然：惊惧的样子。异：奇异，奇怪。③淅沥：指轻微的风声。以：而。潇飒（sà）：风声，比『淅沥』稍大。砰湃（pēngpài）：波涛汹涌声。惊：震动。④鏦鏦（cōng）铮铮：金属碰击的声音。赴敌：奔袭敌人。衔枚：古代军队突袭敌人，为防止喧哗，泄露行踪，命令士兵口中衔枚而行。枚，形状像筷子，两端有带可系在脖子上。⑤明河：天河，又称银河、银汉。⑥噫嘻：感叹词。胡为：何为，为何，为什么。⑦秋之为状：秋季呈现的情状。惨淡：指草木枯萎而没有光泽。霏：同『飞』。敛：收敛，消失。晶：明净。栗冽（lìliè）：寒冷。砭（biān）：刺。萧条：冷落无情。⑧缛（rù）：繁密。葱茏：形容青翠茂盛，长势很好。拂：触及。一气：指秋气。馀烈：充满威严。馀，饱，充足。⑨刑官：古代掌管刑法、狱讼的官员。于时为阴：意思是说秋天在季节上属于阴性。兵象：战争的象征。于行为金：意为用五行配四时，秋天为金。行，五行，即金、木、

水、火、土这五种物质形态。义气：正义威严之气。肃杀：严酷杀伐，抑止万物过分生长发展。心：用心，目的。⑩春生秋实：春天使其生长发育，秋天使其成熟充实。实，『老』、『盛』。乐：音乐。商声主西方之音：古乐分宫、商、角、徵（zhǐ）、羽五声。古以五声配四时、四方，商声既是秋音，又是西音，西方又是秋的方位。夷则为七月之律：古以音乐中的十二律（黄钟、大吕、太簇、夹钟、姑洗、仲吕、蕤宾、林钟、夷则、南吕、无射、应钟）配十二个月，农历七月律为夷则。⑪惟物之灵：是万物中最有灵性的。惟，表判断，是。有动乎中：内心有所思虑。摇：撼动，动摇。精：精神，灵魂。智之所不能：智慧所解决不了的问题。渥（wò）然：润泽的样子。丹者：指红润年轻的容颜。槁木：比喻衰老的景象。黟（yī）然：浓黑的样子。黑者：指黑发。星星：名词。头发花白。⑫非金石之质：指人的肉体。争荣：指身劳心忧地去谋取功名富贵。戕（qiāng）贼：残害，摧残。

祭石曼卿文①

欧阳修

原文

维治平四年七月日，具官欧阳修，谨遣尚书都省令史李敭至于太清，以清酌庶羞之奠，致祭于亡友曼卿之墓下，而吊之以文曰：②

呜呼曼卿！生而为英，死而为灵。③其同乎万物生死而复归于无物者，暂聚之形；④不与万物共尽而卓然其不朽者，后世之名。⑤此自古圣贤莫不皆然，而著在简册者，昭如日星。⑥

呜呼曼卿！吾不见子久矣，犹能仿佛子之平生。⑦其轩昂磊落，突兀峥嵘，而埋藏于地下者，意其不化为朽壤，而为金玉之精；⑧不然，生长松之千尺，产灵芝而九茎。⑨奈何荒烟野蔓，荆棘纵横，风凄露下，走磷飞萤，但见牧童樵叟歌吟而上下，与夫惊禽骇兽悲鸣踯躅而咿嘤。⑩今固如此，更千秋而万岁兮，安知其不穴藏狐貉与鼯鼪？⑪此自古圣贤亦皆然兮，独不见夫累累乎旷野与荒城！⑫

呜呼曼卿！盛衰之理，吾固知其如此，而感念畴昔，悲凉凄怆，不觉临风而陨涕者，有愧夫太上之忘情。⑬尚飨！⑭

选自《欧阳文忠公集》卷五十

注释

①石曼卿：原名石延年，曼卿是他的字，宋城（今河南商丘）人。任金乡县县令，政绩卓著。曾官大理寺丞、太子中允。②维：发语词。治平四年：公元1067年。治平，宋英宗年号（1064~1067）。日：某日，某天。稿中省文。具官：具体官衔的简代写法，当时广泛用于公牍或其他应用文字的草稿与编集中。尚书都省：官署名，六部尚书的总办公处。令史：古代的低级办事官员。李敭（yì）：事迹不详。太清：古代乡名，在今河南永城。石氏墓地所在。清酌：祭祀用酒。庶羞：多种美食佳肴。庶，多；羞，美好的食品。奠：祭。这里指祭品。吊：慰问丧家或追悼死者之词。③英：英雄豪杰。灵：神灵。④暂聚之形：指人的肉身。⑤卓然：卓越的样子。⑥简册：指史书。昭：光明，显耀。⑦仿佛：依稀记得。⑧轩昂：形容精神饱满，气度不凡。磊落：豁达大度。突兀峥嵘：形容其才具不凡，出类拔萃。突兀，高耸突出的样子。峥嵘，形容山势高峻。意：估计。精：精粹，精华。⑨灵芝：一种珍贵的菌类植物，有医药价值，俗称仙芝，古人

视为祥瑞之物。九茎的灵芝，尤其罕见珍贵。⑩奈何：怎奈，无奈。不满、遗憾之词。磷：磷火，旧时多见于坟地，俗称鬼火。萤：俗称萤火虫。樵叟：指打柴的老人。踯躅（zhízhú）：徘徊。咿嘤（yīyīng）：象声词，鸟鸣声。⑪更：经历。狐：狐狸。貉（hé）：俗称狗獾，形似狐，体较胖。鼯（wú）：俗称大飞鼠。鼪（shēng）：俗称黄鼠狼。⑫累累：连绵重叠的样子。荒城：指坟墓。⑬盛衰之理：指人生的生死规律。畴昔：昔日，往日。指过去二人的交往。怆（chuàng）：哀伤，悲痛。陨（yǔn）涕：掉下眼泪。涕，眼泪。太上之忘情：圣人能超脱世俗的感情。太上，精神境界最高的人，即圣人。⑭尚飨（xiǎng）：旧时祭文常以此结尾，意思是请死者灵魂来享用祭品。尚，劝请之词。飨，通『享』，享用。

管仲论①

苏洵

作者简介

苏洵（1009~1066），字明允，眉州眉山（今属四川）人。宋代著名散文家。与其子苏轼、苏辙，合称为『三苏』。同入『唐宋八大家』之列。至和、嘉祐间，与子苏轼、苏辙同到京师，翰林学士欧阳修爱其文，将其著作《权书》、《衡论》、《机策》二十二篇献于皇上，士大夫争相传阅，一时学者竞相效仿苏文。宰相韩琦亦很赞赏，奏于朝廷，任命为秘书省校书郎。后值朝廷修纂礼书，以霸州文安县主簿的名义职务，参与其事，与项城令姚辟共为《太常因革礼》一百卷，书成而卒。长于策论，文章雄奇俊伟，颇有纵横家之风。有《嘉祐集》传世。

灵谷春云图　明·戴进

全卷绘画层峦叠嶂，千岩竞秀，苍松屹立，山间白云，清泉飞瀑，草庐柴扉。画家运用青绿法，勾线填色，略施皴擦点染，更为落落大方，潇洒自如。用色浓妍而又沉稳，特别是山间白云以淡彩晕染，点线交织的树木在云中隐约可见，更显葱郁华滋，山色空濛，为明代早期极成功的青绿山水画作品(图为局部)。

原文

管仲相桓公，霸诸侯，攘夷狄，终其身齐国富强，诸侯不敢叛。②管仲死，竖刁、易牙、开方用，桓公薨于乱，五公子争立，其祸蔓延，讫简公，齐无宁岁。③

夫功之成，非成于成之日，盖必有所由起；祸之作，不作于作之日，亦必有所由兆。故齐之治也，吾不曰管仲，而曰鲍叔；④及其乱也，吾不曰竖刁、易牙、开方，而曰管仲。

何则？竖刁、易牙、开方三子，彼固乱人国者，顾其用之者，桓公也。⑤夫有舜而后知放四凶，有仲尼而后知去少正卯。⑥彼桓公何人也？顾其使桓公得用三子者，管仲也。

仲之疾也，公问之相。⑦当是时也，吾意以仲且举天下之贤者以对，而其言乃不过曰：竖刁、易牙、开方，三子非人情，不可近而已。⑧呜呼！仲以为桓公果能不用三子矣乎？仲与桓公处几年矣，亦知桓公之为人矣乎？桓公声不绝乎耳，色不绝乎目，而非三子者，则无以遂其欲。⑨彼其初之所以不用者，徒以有仲焉耳，一日无仲，则三子者可以弹冠而相庆矣。⑩仲以为将死之言，可以絷桓公之手足耶？⑪夫齐国不患有三子，而患无仲。有仲，则三子者，三匹夫耳。⑫不然，天下岂少三子之徒哉，虽桓公幸而听仲，诛此三人，而其馀者，仲能悉数而去之耶？⑬呜呼！仲可谓不知本者矣。因桓公之问，举天下之贤者以自代，则仲虽死，而齐国未为无仲也。夫何患三子者？不言可也。⑭

五伯莫盛于桓、文。⑮文公之才，不过桓公，其臣又皆不及仲；灵公之虐，不如孝公之宽厚。⑯文公死，诸侯不敢叛晋。晋袭文公之馀威，犹得为诸侯之盟主百馀年。⑰何者？其君虽不肖，而尚有老成人焉。⑱桓公之薨也，一败涂地，无惑也，彼独恃一管仲，而仲则死矣。⑲

夫天下未尝无贤者，盖有有臣而无君者矣。⑳桓公在焉，而曰天下不复有管仲者，吾不信也。仲之书，有记其将死，论鲍叔、宾胥无之为人，且各疏其短。㉑是其心以为数子者皆不足以托国。而又逆知其将死，则其书诞谩不足信也。㉒

吾观史鰌，以不能进蘧伯玉而退弥子瑕，故有身后之谏。㉓萧何且死，举曹参以自代。㉔大臣之用心，固宜如此也。

夫国以一人兴，以一人亡。贤者不悲其身之死，而忧其国之衰。故必复有贤者，而后可以死。彼管仲者，何以死哉？

选自《嘉祐集》卷五

注释

①管仲（?~前645）：春秋时齐国著名政治家、军事家，颍上（今河南登封东南一带）人。曾为齐桓公政敌，后经鲍叔牙推荐，被齐桓公重用，尊称『仲父』。主政四十年，全面进行改革，使齐国迅速

强大，成为当时诸侯中第一霸主。②相：辅佐。桓公（?～前643）：春秋初期齐国国君。霸：称霸。诸侯：周天子分封的各个侯国。攘：排斥，抗拒。夷狄：古代泛指周边少数民族。③竖刁、易牙、开方：齐桓公的三个亲信近臣。管仲死后，三人勾结掌控了朝政。桓公死，他们乘机大肆杀害齐国大臣，排除异己，拥立公子无亏为国君，太子昭奔宋，齐国大乱。用：用事，当权。桓公薨于乱：桓公病中，五子各树党争立。桓公卒，遂互相攻伐，无人敛葬，尸在床六十七天。薨（hōng），周代诸侯死称薨。五公子：公子无亏、公子元、公子潘、公子商人、公子雍。讫：完，止。简公：指齐简公。④鲍叔：即鲍叔牙，春秋时齐国大夫，年少时即和管仲交情很深。后来虽一度成为政敌，但齐桓公即位后，仍无私地推举他主政，自己甘居其下。鲍叔去世后，管仲十分感慨：『生我者父母，知我者鲍子也！』⑤彼固乱人国者：他们本来就是祸乱别人国家的人。顾：但，但是。⑥有舜而后知放四凶：舜，传说中上古『五帝』中的最后一位。传说尧在位的后期，让舜主事，舜放逐当时的『四凶』。『四凶』，四大罪人，指驩兜、共工、鲧和三苗首领。有仲尼而后知去少正卯：仲尼，指孔子。根据史书的记载，他任鲁国大司寇（掌刑狱、治安的高官）并代理国相时，杀了扰乱国政的鲁国大夫少正卯。⑦疾：生病。公：指齐桓公。问之相：问他国相的人选。相，辅助国君主持国政的大臣。⑧意：推测，估计。且：将。乃：竟然。非人情：（所作所为）不合人之常情。⑨声：音乐之声。色：女色。遂其欲：满足他的欲望。遂，成就，实现。⑩弹冠而相庆：比喻将要做官而相互庆贺。弹冠，弹去帽子上的灰尘。冠，帽子。⑪将死之言：指管仲病中答桓公关于宰相人选的话。絷（zhí）：用绳索绊马足，也指绊马索。这里意为捆绑、束缚。⑫匹夫：古代指平民男子。这里指普通人。⑬幸：侥幸，偶尔。悉数：全部，尽其所有。去：除去。⑭不言：指不对桓公讲『三子』不可近之类的话。⑮五伯：即五霸，指春秋时期先后称霸诸侯的齐桓公、晋文公、宋襄公、秦穆公、楚庄王这五位国君。文：指晋文公，晋国国君，春秋五霸之一。⑯灵公：晋灵公。孝公：齐孝公。⑰袭：承袭，继承。馀威：死后尚存的威望。盟主：春秋时诸侯盟会的首领。⑱不肖：不似。意思是说不像他贤明的前辈。引申为不贤明。老成人：指有经验、办事稳妥的老臣。⑲一败涂地：一朝破败，使肝脑涂地。形容惨败到不可挽回的地步。无惑：无可疑惑。恃（shì）：倚仗，依靠。⑳有有臣而无君者：有有贤臣而没有贤君的时候。㉑仲之书：指《管子》。宾胥无：齐桓公时贤臣。各疏其短：一一列举鲍叔、宾胥无等人的不足之处。疏，列举，分条陈述。㉒逆知：预料，预测。诞谩：荒诞不实。㉓史鳅（qiū）：春秋时卫国大夫。蘧伯玉：春秋时卫国大夫，卫灵公贤臣。弥子瑕：春秋时卫国大夫，卫灵公宠臣，善于阿谀奉承。身后之谏：卫灵公重用弥子瑕而不用蘧伯玉，史鳅多次进谏，卫灵公都不听。史鳅临死前，让他的儿子把自己的尸体放在窗下，表示死后仍要进谏。灵公来吊唁，感到奇怪而问他的儿子，他儿子告诉了他其中的缘由。灵公醒悟，于是罢免了弥子瑕而用蘧伯玉。㉔萧何（？～前193）：西汉开国元勋之一，汉初任丞相，为汉朝的建立和巩固发挥了重要作用。他晚年病时，汉惠帝刘盈亲临探望，问他死后谁可代他为相，他说：『知臣莫如主。』又问：『曹参如何？』他说：『帝得之矣，臣死不恨矣！』曹参（？～前190）：西汉开国元勋之一，战功卓著，对汉朝的建立和巩固起了重要作用。后代萧何为相，有『萧规曹随』之称。

六国论①

苏洵

原文

六国破灭，非兵不利，战不善，弊在赂秦。②赂秦而力亏，破灭之道也。或曰：六国互丧，率赂秦耶？③曰：不赂者以赂者丧。盖失强援，不能独完，故曰：弊在赂秦也。

秦以攻取之外，小则获邑，大则得城。④较秦之所得，与战胜而得者，其实百倍；诸侯之所亡，与战败而亡者，其实亦百倍。则秦之所大欲，诸侯之所大患，固不在战矣。思厥先祖父，暴霜露、斩荆棘，以有尺寸之地，子孙视之不甚惜，举以予人，如弃草芥。⑤今日割五城，明日割十城，然后得一夕安寝；起视四境，而秦兵又至矣。然则诸侯之地有限，暴秦之欲无厌，奉之弥繁，侵之愈急，故不战而强弱胜负已判矣。⑥至于颠覆，理固宜然。⑦古人云：『以地事秦，犹抱薪救火，薪不尽，火不灭。』此言得之。⑧

齐人未尝赂秦，终继五国迁灭，何哉？与嬴而不助五国也。⑨五国既丧，齐亦不免矣。燕赵之君，始有远略，能守其土，义不赂秦，是故燕虽小国而后亡。斯用兵之效也。至丹以荆卿为计，始速祸焉。⑩赵尝五战于秦，二败而三胜，后秦击赵者再，李牧连却之。⑪洎牧以谗诛，邯郸为郡，惜其用武而不终也。⑫且燕赵处秦革灭殆尽之际，可谓智力孤危，战败而亡，诚不得已。⑬向使三国各爱其地，齐人勿附于秦，刺客不行，良将犹在，则胜负之数，存亡之理，当与秦相较，或未易量。⑭

呜呼！以赂秦之地，封天下之谋臣，以事秦之心，礼天下之奇才，并力西向，则吾恐秦人食之不得下咽也。⑮悲夫！有如此之势，而为秦人积威之所劫，日削月割，以趋于亡。⑯为国者无使为积威之所劫哉！⑰

夫六国与秦皆诸侯，其势弱于秦，而犹有可以不赂而胜之之势；苟以天下之大，下而从六国破亡之故事，是又在六国下矣。⑱

选自《嘉祐集》卷三

注释

①六国：指战国七雄中除秦之外的六个诸侯国，即韩、魏、楚、赵、燕、齐。②兵：兵器，武器。赂（lù）秦：指用割地的办法来贿赂秦国。③或曰：设问之词。互丧：相继灭亡。率：全，都。④攻取：攻战夺取。邑：指小城镇。城：指大城。⑤厥：其。指代六国贿赂秦国的诸侯。先祖父：指已去世的祖辈父辈。暴霜露、斩荆棘：形容创业的艰辛。暴霜露，冒着霜露。尺寸之地：意为很少的土地。芥：小草。⑥厌：通『餍』，饱，满足。弥：愈加，更加。判：分明。⑦颠覆：翻倒，败亡。宜然：当然，应当是这样。⑧古人：指战国时的苏代、孙臣等人。得之：符合上述的道理。⑨迁灭：灭亡。迁，变迁，变革。与嬴（yíng）：结交秦国。与，亲附，相交。嬴，指秦王。⑩丹：指燕太子丹。以荆卿为计：把荆轲刺杀秦王作为救国的方法。速祸：加速国家灭亡这祸患的到来。⑪『赵尝五战于秦』二句：本来是苏秦倡导合纵政策时游说燕文侯时所说的话，见于《战国策·燕策一》，但与事实不符。再：两次。李牧：赵国良将。先是守边抗击匈奴，后来领兵抗秦，战功卓著，被封为武安君。却：击退。⑫洎（jì）：到，等到。牧以谗诛：李牧因为谗言而被诛杀。公元前229年，秦将王翦攻打赵国，李牧率军抵抗，秦用重金收买赵王宠臣郭开，使郭开诬陷李牧谋反。赵王中了秦国的反间计，派人诛杀了李牧。邯郸为郡：秦灭赵后，在赵地

设邯郸郡。⑬革灭：消灭，除灭。殆（dài）尽：将尽。智力孤危：指力量单薄，智力用尽。⑭向使：假如当初。向，从前，过去。三国：指韩、魏、楚。这三国当初都多次用割地的方法来贿赂秦国。刺客：指荆轲等。良将：指李牧等。胜负之数：胜负的命运。数，气数，命运。较（jué）：通『角』，竞逐，角逐。量：估量，判断。⑮西向：朝西对付秦国。秦人食之不得下咽：形容秦王害怕得饭都吃不下。⑯积威：积了很久形成的威势。威，威势，强劲的精神压力。劫：劫持，控制。⑰为国者：统治国家的人。指君主及其大臣。⑱苟：假若，假如。天下：古代指全国，整个华夏。这里指北宋统治的疆域。从：跟从，蹈袭。故事：从前的事，前例。

爱莲说

周敦颐

作者简介

周敦颐（1017~1073），字茂叔，道州营道（今湖南道县）人。宋代思想家，宋明理学的创始人。著有《太极图说》、《通书》。历任分宁主簿、南安军司理参军、桂阳令，知郴州、广东转运判官、提点刑狱等职，把洗冤惠民当作己任，颇有治绩，为时人所称。黄庭坚称赞他『人品甚高，胸怀洒落，如光风霁月』。晚年知南康军（治所在今江西星子），因此把家迁到了庐山莲花峰下。屋前有溪，以原籍濂溪命名，世称濂溪先生。死后谥号元公，有《周元公集》传世。

原文

水陆草木之花，可爱者甚蕃。[1]晋陶渊明独爱菊；[2]自李唐来，世人甚爱牡丹。[3]予独爱莲之出淤泥而不染，濯清涟而不妖，中通外直，不蔓不枝，香远益清，亭亭净植，可远观而不可亵玩焉。[4]予谓：菊，花之隐逸者也；[5]牡丹，花之富贵者也；[6]莲，花之君子者也。噫！菊之爱，陶后鲜有闻；莲之爱，同予者何人？[7]牡丹之爱，宜乎众矣！

选自《周子全书》卷十七

注释

①蕃：多。②陶渊明：东晋大诗人。参看本书《归去来辞》作者简介。陶的诗文中，多有表现爱菊的句子。③李唐：即唐朝。唐朝的上层社会，有特别宠爱牡丹的风气。④濯（zhuó）清涟而不妖：常在清水中洗而不妖媚。比喻君子洁身自好但不媚俗。濯，洗涤；涟，水面波纹，这里指水；妖，妖媚。中通外直：莲的茎中间上下贯通，外观笔直。喻指君子内通于理，外直于行。不蔓不枝：不蔓延，不生枝节。喻指君子不结党营私，不攀附权贵。香远益清：喻指君子美名远播，不为时空所限制。亭亭净植：端直而洁净地立在水中。喻指君子人品醇厚。亭亭，直立的样子。植，树立。亵（xiè）玩：靠近轻佻地玩弄。亵，态度亲近而轻佻、不庄重。⑤隐逸：隐居避世。菊花不在百花盛开的春、夏开放，而在百花凋谢的晚秋开放，有隐士之风。⑥花之富贵者：牡丹的花朵硕大而艳丽，有富贵之态。⑦菊之爱：对菊花的爱。鲜（xiǎn）：少。予：我。

寄欧阳舍人书[1]

曾巩

作者简介

曾巩（1019~1083），北宋政治家、散文家，字子固，宋建昌军南丰县（今属江西）人。宋仁宗嘉祐二年（1057）进士。历任太平州司法参军、馆阁校勘，越州通判，齐州、洪州、福州等州知州，官至中书舍人。地方在任期间，关心民众疾苦，注意救灾、防疫，清除时弊，安定民生，很有治绩。在馆阁任职时，曾整理校勘《战国策》、《新序》、《说苑》等古籍。他积极参与北宋古文运动，文章深得欧阳修等人的赞赏，后被列入『唐宋八大家』。有《元丰类稿》传世。

原文

去秋人还，蒙赐书及所撰先大父墓碑铭，反覆观诵，感与惭并。[2]

夫铭志之著于世，义近于史，而亦有与史异者。[3]盖史之于善恶无所不书，而铭者，盖古之人有功德材行志义之美者，惧后世之不知，则必铭而见之。[4]或纳于庙，或存于墓，一也。苟其人之恶，则于铭乎何有？此其所以与史异也。其辞之作，所以使死者无有所憾，生者得致其严。[5]而善人喜于见传，则勇于自立，恶人无有所纪，则以愧而惧。[6]至于通材达识、义烈节士，嘉言善状，皆见于篇，则足为后法。[7]警劝之道，非近乎史，其将安近？[8]及世之衰，人之子孙者，一欲褒扬其亲，而不本乎理，故虽恶人，皆务勒铭以夸后世。[9]立言者既莫之拒而不为，又以其子孙之请也，书其恶焉，则人情之所不得，于是乎铭始不实。[10]后之作铭者，当观其人。[11]

苟托之非人，则书之非公与是，则不足以行世而传后。⑫故千百年来，公卿大夫至于里巷之士，莫不有铭，而传者盖少。⑬其故非他，托之非人，书之非公与是故也。

然则孰为其人而能尽公与是欤？非畜道德而能文章者无以为也。⑭盖有道德者之于恶人则不受而铭之，于众人则能辨焉。⑮而人之行，有情善而迹非，有意奸而外淑，有善恶相悬而不可以实指，有实大于名，有名侈于实。⑯犹之用人，非畜道德者恶能辨之不惑，议之不徇？⑰不惑不徇，则公且是矣。而其辞之不工，则世犹不传。于是又在其文章兼胜焉。故曰，非畜道德而能文章者无以为也，岂非然哉？

然畜道德而能文章者，虽或并世而有，亦或数十年或一二百年而有之。其传之难如此，其遇之难又如此。若先生之道德文章，固所谓数百年而有者也。先祖之言行卓卓，幸遇而得铭其公与是，其传世行后无疑也。⑱而世之学者，每观传记所书古人之事，至于所可感，则往往衋然不知涕之流落也，况其子孙也哉？⑲况巩也哉？其追晞祖德而思所以传之之由，则知先生推一赐于巩而及其三世。⑳其感与报，宜若何而图之？㉑

抑有思，若巩之浅薄滞拙，而先生进之；先祖之屯蹶否塞以死，而先生显之；㉒则世之魁闳豪杰不世出之士，其谁不愿进于门？㉓潜遁幽抑之士，其谁不有望于世？㉔善谁不为，而恶谁不愧以惧？为人之父祖者，孰不欲教其子孙？为人之子孙者，孰不欲宠荣其父祖？此数美者，一归于先生。㉕

既拜赐之辱，且敢进其所以然。㉖所论世族之次，敢不承教而加详焉？㉗愧甚，不宣。㉘

选自《元丰类稿》卷十六

注释

①欧阳舍人：即欧阳修。舍人，指中书舍人，古代负责起草诏令的官员。②人：指曾巩派往欧阳修处的人。先大父：已经去世的祖父。墓碑铭：即墓志铭。包括志和铭两部分。志多用散文撰写，叙死者姓氏、籍贯、生平事迹；铭多用韵文写，为赞扬、悼慰之词。③铭志：即墓志铭。著于世：在世间显明。义：意义，作用。史：史书，史传。④铭：前一个『铭』，指墓志铭；后一个『铭』字，作墓志铭。见：同『现』。⑤憾：遗憾。严：尊敬，敬重。⑥见传：被传颂。纪：通『记』，记载，记述。⑦通材：指学识渊博的人。达识：指通达事理的人。义烈：指舍生取义的人。节士：指节操高尚的人。嘉言：美善之言。善状：优秀善良的事迹。⑧警劝之道：警戒勉励的宗旨、原则。⑨世之衰：世风衰败。勒铭：刻墓志铭于碑石。勒，刻。⑩立言者：指撰写墓志铭的人。莫之拒：即『莫拒之』。不得：不可，不能。⑪后之作铭者：后世想为死者作墓志铭的人，即死者亲属。其人：指撰写者的为人。⑫托之非人：委托的撰写者并不合适。非公与是：不公正又不符合实际。⑬公卿大夫：指高级官吏。里巷之士：指待在家不做官的士人。盖：大概。⑭孰为其人：谁做撰写墓志铭的人。尽公与是：完全做到公正而符合实际。畜道德：道德修养高深。畜，通『蓄』，积聚，贮藏。⑮铭之：为他写墓志铭。辨：辨别其真假是非。⑯情善而迹非：心地善良而做出的事却是错误的，即好心办坏事。淑：美好，善良。善恶相悬而不可以实指：意思是说有些人既有明显的善行，又有明显的恶行，却很难确指其真假。侈：大于，超过。⑰恶（wū）：何，怎么。徇：偏私。⑱卓卓：高尚，杰出。『幸遇』句：意思是说幸遇您能写出这样公正而真实的墓志铭。⑲所可感：感人之处。衋（xì）然：伤痛的样子。⑳睎（xī）：仰慕。推一赐于巩：指为曾巩祖父撰写墓志铭。三世：指从曾巩祖父到曾巩三代。㉑图：

谋划实现。㉒抑：表转折。滞拙：迟钝笨拙。进：推荐，提拔。屯（zhūn）蹶否（pǐ）塞：指仕途坎坷，不得志。屯，艰难，艰辛；蹶，跌倒；否，穷，不通。㉓魁闳（hóng）：俊伟不凡。不世出：不是每代都会出现。㉔潜遁：隐居避世。幽抑：受压抑而不得志。有望于世：希望在世上有所作为。㉕此数美者：这种种美好的影响。一归于：完全归功于。一，全。㉖拜赐：敬受赐予。辱：谦敬词。进：进言。所以然：指感谢的原因。㉗所论世族之次：指欧阳修在《与曾巩论氏族书》中对曾氏族系次第的考辨。敢：『岂敢』的省略。加详：进一步详细审核。㉘不宣：古代信末尾的常用语，意为言不尽意。

赠黎安二生序①

曾巩

原文

赵郡苏轼，予之同年友也。②自蜀以书至京师遗予，称蜀之士曰黎生、安生者。③既而黎生携其文数十万言，安生携其文亦数千言，辱以顾予。④读其文，诚闳壮隽伟，善反复驰骋，穷尽事理。⑤而其材力之放纵，若不可极者也。二生固可谓魁奇特起之士，而苏君固可谓善知人者也。⑥

顷之，黎生补江陵府司法参军，将行，请予言以为赠。⑦予曰：『予之知生，既得之于心矣，乃将以言相求于外邪？』⑧黎生曰：『生与安生之学于斯文，里之人皆笑以为迂阔，今求子之言，盖将解惑于里人。』⑨

予闻之，自顾而笑。夫世之迂阔孰有甚于予乎？知信乎古，而不知合乎世；知志乎道，而不知同乎俗。⑩此予所以困于今而不自知也！世之迂阔孰有甚于予乎！今生之迂，特以文不近俗，迂之小者耳，患为笑于里之人。⑪若予之迂大矣，使生持吾言而归，且重得罪，庸讵止于笑乎？⑫然则若予之于生，将何言哉？谓予之迂为善，则其患若此。谓为不善，则有以合乎世，必违乎古，有以同乎俗，必离乎道矣。生其无急于解里人之惑，则于是焉必能择而取之。遂书以赠二生，并示苏君以为何如也。

选自《元丰类稿》卷十三

注释

①黎、安二生：生平事迹不详。生，旧称读书人。序：古代的一种文体，用于离别赠言。这种赠序，不同于书序。②赵郡：即赵州，治所在今河北赵县。苏轼：北宋著名文学家，眉州眉山（今属四川）人，祖籍赵郡。同年：指同年中进士。③书：信。京师：京城，国都，这里指汴京。遗：给。称：称道，称赞。④言：字。辱：谦敬词，屈尊，屈己。顾：看望。⑤闳（hóng）：宏大。隽：通『俊』。驰骋：喻行文论述发挥。⑥魁奇：魁伟不凡。特起：特出，杰出。⑦江陵府：治所在今湖北江陵。司法参军：州府佐吏，掌控刑法。⑧知生：指对二生文章的了解和认可。既得之于心：意思是说黎生已得之于作者内心。乃将：还要。以言相求于外：意思是说求得之于作者外在的言语。⑨生：黎生自称。斯文：指古文。里：乡里，家乡。迂阔：陈腐而不切实际。解惑于里人：即解开乡里人的疑惑。⑩信乎古：信仰古代圣贤的言行。合乎世：迎合世俗。志乎道：立志学习圣贤之道。⑪生：称黎、安二生。迂：迂阔。特：只是。为笑：被讥笑。为，被。⑫且重得罪：将受到更重的谴责。庸讵（jù）：岂，哪里。

伤仲永

王安石

作者简介

王安石（1021~1086），北宋政治家、思想家、学者、诗人、文学家、改革家。字介甫，晚号半山。宋抚州临川（今属江西）人。宋仁宗庆历二年（1042）进士。初知鄞县，兴修水利，实行官贷，颇有政绩。仁宗时上万言书，抨击时弊，主张改革。神宗熙宁年间，两度为相，积极推行青苗、均输、市易、免役等新法，希望以此达到富国强兵的目的，减轻人民负担。后终因保守派的极力反对、官吏的执行不力而收效不大，归于失败。晚年退居金陵，被封为荆国公，世称王荆公。死后谥号『文』，亦称王文公。他同时是北宋著名文学家，诗文兼擅。其散文长于说理，逻辑严密，笔力雄健，风格峭拔，后被列为『唐宋八大家』之一。有《临川集》传世。

原文

金溪民方仲永，世隶耕。[1]仲永生五年，未尝识书具，忽啼求之。[2]父异焉，借旁近与之，即书诗四句，并自为其名。[3]其诗以养父母、收族为意，传一乡秀才观之。[4]自是指物作诗立就，其文理皆有可观者。[5]邑人奇之，稍稍宾客其父，或以钱币乞之。[6]父利其然也，日扳仲永环谒于邑人，不使学。[7]

余闻之也久。明道中，从先人还家，于舅家见之，十二三矣。[8]令作诗，不能称前时之闻。[9]又七年，还自扬州，复到舅家问焉。[10]曰：『泯然众人矣。』[11]

王子曰：仲永之通悟，受之天也。[12]其受之天也，贤于材人远矣。[13]卒之为众人，则其受于人者不至也。

彼其受之天也，如此其贤也，不受之人，且为众人；今夫不受之天，固众人，又不受之人，得为众人而已耶？[14][15]

选自《临川先生文集》卷七十一

注释

①金溪：古代县名，今属江西。世隶耕：世世代代从事耕田。隶，隶属，属于。②书具：指笔、墨、纸、砚之类的书写工具。啼：啼哭。③异：惊奇。旁近：附近的人家。与：给。自为其名：自己给自己起名。④收族：团结和好宗族。秀才：泛指儒生。⑤指物作诗：随便指着某事物为题，让他作诗。可观者：值得观赏的地方。可，值得。⑥邑人：同县的人。稍稍：渐渐。宾客其父：把他的父亲当作宾客来对待。宾客，把……当作宾客。乞：求取。之：指仲永作的诗。⑦利其然：贪图那样的利益。利，以……为利，即贪图。曰：天天。扳（pān）：挽着，拉着。环谒（yè）：四处拜谒。谒，拜谒，拜访。邑人：指县里的头面人物。⑧明道：宋仁宗年号（1032~1033）。先人：这里指已过世的父亲。舅家：作者的舅家，姓吴，住在金溪县。⑨称（chèn）：符合。闻：名声。⑩还自扬州：从扬州回家。⑪泯然众人矣：意思是说天才消失而变成普通人了。泯然，消失殆尽的样子。⑫王子：作者自称。通悟：灵通的悟性，不平凡的聪明。受之天：得之于天赋。⑬贤于：胜于。材人：指一般有才能的人。⑭卒：终于，最终。受于人：得之于人的教育，即后天所受的教育。不至：不够，不足。⑮得为众人而已耶：能成为一般人而止吗？意思是说连一般人也达不到。

读孟尝君传①

王安石

原文

世皆称孟尝君能得士，士以故归之。②而卒赖其力，以脱于虎豹之秦。③嗟乎！孟尝君特鸡鸣狗盗之雄耳，岂足以言得士！④不然，擅齐之强，得一士焉，宜可以南面而制秦，尚取鸡鸣狗盗之力哉？⑤鸡鸣狗盗之出其门，此士之所以不至也！

选自《临川先生文集》卷七十一

注释

①孟尝君：战国时齐国贵族田文，号孟尝君，与赵国的平原君、魏国的信陵君、楚国的春申君，称战国四公子，均以养士闻名天下，门下各有数千食客。齐湣王时曾任齐相，又一度入秦为相，不久又逃回到齐国任齐相；后因齐内部倾轧，出奔魏，任魏相，并联合燕、赵等国攻齐。齐襄王即位后，再次回到齐国。《孟尝君传》：即《史记·孟尝君列传》。②得士：结交、收揽士人。士，指不从事生产劳动而有一定知识、才能却无官职的人。归之：归附、投奔他。③『而卒赖其力』二句：最终依靠门客的力量，才得以脱离暴秦的魔爪。卒：终于，最终。④特：不过，只是。鸡鸣狗盗之雄：鸡鸣狗盗之徒的雄长、魁首。⑤擅齐之强：拥有齐国这样强大的国力。擅，拥有，掌握。士：这里指有治国平天下才能的杰出士人。南面而制秦：君临天下制伏秦国。南面，君主接见臣下，坐北面南，故『南面』指君主之位。

同学一首别子固[1]

王安石

原文

江之南有贤人焉，字子固，非今所谓贤人者，予慕而友之。[2]淮之南有贤人焉，字正之，非今所谓贤人者，予慕而友之。[3]二贤人者，足未尝相过也，口未尝相语也，辞币未尝相接也，其师若友，岂尽同哉？[4]予考其言行，其不相似者何其少也？曰：学圣人而已矣。学圣人，则其师若友，必学圣人者。圣人之言行，岂有二哉？其相似也适然。[5]

予在淮南，为正之道子固，正之不予疑也。[6]还江南，为子固道正之，子固亦以为然。予又知所谓贤人者，既相似又相信不疑也。

子固作《怀友》一首遗予，其大略欲相扳以至乎中庸而后已。[7]正之盖亦尝云尔。[8]夫安驱徐行，轥中庸之庭而造于其室，舍二贤人者而谁哉？[9]予昔非敢自必其有至也，亦愿从事于左右焉尔，辅而进之其可也。[10]

噫！官有守，私有系，会合不可以常也。[11]作《同学》一首别子固，以相警，且相慰云。

选自《临川先生文集》卷七十一

注释

①同学：同学圣人之道。一首：一篇。子固：即曾巩。②江之南：长江以南，这里指今江西一带。贤人：有教养的德才兼备的人。友之：和他结交为朋友。友，以……为友。③淮之南：淮河以南。这里指今江

苏扬州。正之：孙虔，字正之，后改名侔，字少述。湖州（今属浙江）人，曾客居扬州，与王安石结交。为文奇古，性格孤峻，事母尽孝，母卒不仕。④过：走访，拜访。辞：指书信。币：币帛，丝织品，古人馈赠用的礼品。若：与，和。⑤适然：当然，正该这样。⑥淮南：指淮南路首府扬州。道：称道。不予疑：即『不疑予』，不怀疑我。⑦扳：同『攀』，挽引。中庸：儒家倡导的处世之道，即中和可常行之道，不偏不倚，勿过之，勿不及。⑧云尔：这样说。尔，如此，这样。⑨安驱徐行：稳步从容前进。轥（言）中庸之庭而造于其室：意思是说达到中庸之道的最高境界。轥，车轮碾轧。造，到。庭、室，喻精深奥妙的境界。⑩自必其有至：自信一定能达到中庸的境界。从事于左右：随其左右学习。焉尔：语助词。辅而进之：意思是说由他们辅助而进入中庸的庭室。其可：或许可以。⑪官有守：做官有一定的职守。私有系：个人有许多私事要牵挂。

游褒禅山记①

王安石

原文

褒禅山，亦谓之华山。唐浮图慧褒始舍于其址，而卒葬之；②以故，其后名之曰褒禅。③今所谓慧空禅院者，褒之庐冢也。④距其院东五里，所谓华山洞者，以其乃华山之阳名之也。⑤距洞百馀步，有碑仆道，其文漫灭，独其为文犹可识，曰花山。⑥今言华，如华实之华者，盖音谬也。⑦

其下平旷，有泉侧出，而记游者甚众，所谓前洞也。⑧由山以上五六里，有穴窈然，⑨入之甚寒，问其深，则虽好游者不能穷也，谓之后洞。予与四人拥火以入，[10]入之愈深，其进愈难，而其见愈奇。有怠而欲出者，曰：『不出，火且尽。』[11]遂与之俱出。盖予所至，比好游者尚不能十一，[12]然视其左右，来而记之者已少。盖其又深，则其至又加少矣。[13]方是时，予之力尚足以入，火尚足以明也。既其出，则或咎其欲出者，而予亦悔其随之，而不得极乎游之乐也。[14]

于是予有叹焉。古人之观于天地山川草木虫鱼鸟兽，往往有得，以其求思之深而无不在也。[15]夫夷以近，则游者众；[16]险以远，则至者少。而世之奇伟瑰怪非常之观，常在于险远，而人之所罕至焉，故非有志者不能至也。[17]有志矣，不随以止也，然力不足者，亦不能至也。[18]有志与力，而又不随以怠，至于幽暗昏惑，而无物以相之，亦不能至也。[19]然力足以至焉，于人为可讥，而在己为有悔；[20]尽吾志也，而不能至者，可以无悔矣，其孰能讥之乎？[21]此予之所得也！

予于仆碑，又有悲夫古书之不存，后世之谬其传而莫能名者，何可胜道也哉！[22]此所以学者不可以不深思而慎取之也。[23]

四人者：庐陵萧君圭君玉、长乐王回深父、予弟安国平父、安上纯父。[24]

选自《临川先生文集》卷八十三

注释

①褒禅山：在今安徽含山县北十五里。②浮图：古印度梵语的音译。这里意为和尚。慧褒：唐朝时的一位名僧。舍：房舍，室屋。这里是建造屋室居住的意思。址：基地，这里指山脚。卒：终于，最终。③名之：给华山命名。名，给……命名。褒禅：即慧褒和尚。禅，梵语『禅那』的省称，意为入定、静思，是佛

教的一种修行方式，即将散乱的心念定于一处。后来泛指与佛教有关的人或事物。④禅院：佛寺，寺院。庐冢（zhǒng）：守护坟墓的房舍。⑤乃：在。华山之阳：华山的南面。古代称山的南面为『阳』。⑥仆（音pū，又音fù）道：倒在路上。仆，向前跌倒。漫灭：模糊不清。为文：行文。这句意为整个碑文模糊不清，只是从行文中还可以认出来这座山叫『花山』。⑦『今言』句：现在把『华山』的『华』读作『华实』的『华（huá）』，是错误的，应该读作『花（huā）』。谬（miù）：错误。⑧其下：指华山洞下。记游者：在洞口附近题字（姓名、诗文等）留念的游人。⑨穴：洞穴，岩洞。窈然：深邃幽暗的样子。⑩拥火：持着火把。拥，持、拿。⑪怠（dài）：倦怠，疲倦。且：将要。⑫不能十一：不到十分之一。十一，十分之一。⑬加少：更少。加，更加。⑭既其出：出来以后。既，已经。其，语中助词。或：有的人。咎：责怪，责备。极乎游之乐：尽情享受游玩的乐趣。⑮求思之深：探索思考问题深刻。无不在：无处不在探索之列。⑯夷以近：平坦而近的地方。⑰瑰怪：瑰丽奇异。非常：不平常。观：景观，景象。⑱不随以止：不盲目地跟从他人而中止前进。⑲昏惑：迷惑。指情况复杂令人迷惑之处。相（xiàng）：辅助。⑳然力足以至焉：意思是说然而力量足以达到却没有达到。㉑尽吾志：意为尽了我的主观努力。㉒悲：顾念、感叹。古书之不存：意思是说有些古书散失不全了。谬其传：错误流传，以讹传讹。莫能名：不能说清真相。名，指称，说明。㉓学者：指读书求学的人，与今义不同。㉔庐陵：今江西吉安。萧君圭：人名，疑『君』字为敬称。君玉是他的字。长乐：今福建长乐。王回：人名。进士，宋代理学家。安国平父：即王安国，平父是他的字。安上纯父：即王安上，纯父是他的字。王安石兄弟共七人，王安石排行第三，王安国排行第四，王安上排行第七。